"挑战学习困难"丛书

策 划：罗 坤 赵 微
主 编：赵 微
副主编：刘朦朦 尚海艳 任楷文 徐 玥

学习困难学生基础认知能力提升研究与实践

刘朦朦／著

华夏出版社
HUAXIA PUBLISHING HOUSE

图书在版编目（CIP）数据

学习困难学生基础认知能力提升研究与实践 / 刘朦朦著. -- 北京：华夏出版社有限公司，2025（2025.6重印）. --（挑战学习困难 / 赵微主编）. -- ISBN 978-7-5222-0834-3

Ⅰ. G622.46；G625.5

中国国家版本馆 CIP 数据核字第 2025UF8249 号

学习困难学生基础认知能力提升研究与实践

著　　者	刘朦朦
责任编辑	薛永洁
特邀审校	许　婷

出版发行	华夏出版社有限公司
经　　销	新华书店
印　　装	三河市少明印务有限公司
版　　次	2025年4月北京第1版　2025年6月北京第2次印刷
开　　本	787×1092　1/16 开
印　　张	11.5
字　　数	170 千
定　　价	59.00 元

华夏出版社有限公司　地址：北京市东直门外香河园北里4号　邮编：100028
网址：www.hxph.com.cn　电话：(010) 64663331（转）
若发现本版图书有印装质量问题，请与我社营销中心联系调换。

推荐序一

随着脑科学、认知心理学、信息科学与技术等学科的发展，人的学习建构本质越来越清晰地呈现出来，我们要了解孩子在学习过程中思维的产生、发展和运行规律，用科学的方法帮助其更好地提升基础认知能力。

近年来，学习困难门诊"一号难求"，教育问题转化成医学问题，引发了社会广泛的关注。学习困难学生能否在普通教育学校接受适宜的教育一直是基础教育实践中的重要课题。为了让每一位学生受到合适的教育，我们陕西师范大学实验小学"名校+"在陕西师范大学特殊儿童认知与行为研究中心赵微教授团队的支持与指导下，通过建立学习支持系统，为每一位学生尤其是学习困难学生的学习和成长搭建"扶梯"。我们通过课程调整，为学习困难学生提供适宜其水平的课程；通过学校生态环境的改良，为学习困难学生提供支持性的成长环境。

在我们学校，一些学生由于入学准备不足导致学习适应不良，尤其是在基础认知能力方面准备不足，严重影响了其学业成就和学校生活，困扰着我们的老师和家长，这些问题在一、二年级学生身上尤为明显。为了解决这些问题，刘朦朦博士在赵微教授的指导下，对学习困难学生的认知能力发展状况进行了深入的理论研究，并把它转化为教育实践活动，经过五年的探索和实践，形成了本书的成果。基础认知能力理论与实践成为我校科学改善学生早期学习困难的重要抓手。在陕西师范大学实验小学"名校+"各学校中，每天10分钟的基础认知教育活动课程是一、二年级学生们最喜欢的课程之一。基础认知教育活动课程以游戏、活动的形式，帮助学生提升与学习紧密相关的五大基础认知能力。在短短的10分钟时间里，老师将游戏与思维训练有机结合，如训练注意力的游戏"听音倒背"、训练计划能力的游戏"一笔画"、训练加工速度的游戏"划消任务"……让学生们在游戏中提升与学习相关的基础能力，增强学习兴趣，提高学习效能。

课堂上，老师并不对学生们在游戏中的对错进行评价，而是更加关注每一个学生的反应与参与度，鼓励每一个学生积极参与，在游戏中获得自我认同，完成对其相应能力的培养。每天 10 分钟的小游戏、小活动真正让学生在玩中学，在玩中提升能力！

当前，我国教育已经进入高质量发展阶段。让每位学生享有公平而高质量的教育，促进每个学生的全面发展，是教育高质量发展中的重要环节。对于普通教育学校而言，深化课程教学改革，构建支持性的学校生态环境，因材施教，尊重差异，不抛弃、不放弃每一个学生也是学校高质量发展的重要目标。我欣喜地看到刘博士的这本书在华夏出版社的支持下终于与读者见面，希望这本书能够产生更大的影响，帮助更多的学习困难学生尽早改善学习困难！

陕西师范大学实验小学"名校 +"总校长

罗 坤

2024 年 10 月

推荐序二

我怀着十分欣慰的心情拜读了我的学生刘朦朦博士的新作《学习困难学生基础认知能力提升研究与实践》，刘博士从十五年前攻读硕士学位时就开始跟我一起学习和研究学习困难（障碍）的认知加工以及学习困难（障碍）学生的评估与干预。工作以后她一直在小学一线工作，与我一起创办学习困难学生学习支持中心，构建三层级、双系统的学习困难学生发展支持体系。十多年来，她以高度的责任感和专业精神，潜心研究，积极实践，把认知理论的解释落实到改善学习困难学生的实践探索中，构建了针对低年级学习困难学生和潜在学习困难学生的基础认知教育活动课程体系，并经过多年的实验研究，验证了该课程对提高学生基础认知能力和学业成就的效果，取得了有说服力的结果，也从实践的角度进一步验证了学习困难认知加工缺陷的理论解释。

难能可贵的是，她以专业精神践行习近平总书记在十九大报告中提出的"努力为每一位学生提供公平而有质量的教育"的号召，不抛弃、不放弃每一个孩子，在学生困难（障碍）实践领域辛勤耕耘，不仅有理论研究，更有实践落地，真正做到了用专业知识服务基础教育质量内涵的提升和教育公平。

《学习困难学生基础认知能力提升研究与实践》从基础认知能力提升的理论解释出发，详细论述了认知能力发展的相关理论，细致分析了学习困难学生的认知加工特征，依托认知能力理论框架和长期的一线实践经验，针对小学低年级学生的学习特征和规律，提出了学习困难早期认知加工需要改善的领域，并以此设计课程方案，开发课程资源，开展实验研究，验证实验结果，既体现了作者扎实的理论功底，也突出了实践效果。该书大致有以下特点。

第一，解释了为什么。通过对与小学生基础认知能力提升紧密相关的认知能力理论解释的梳理和分析，为基础认知能力提升的课程建设提供了理论依据，让读者明白为什么要进行这些能力的早期干预。知其然，也知其所以然。

第二，解释了是什么。通过理论分析和课程设计，解释了基础认知能力是什么，基础认知能力提升的课程是什么等问题，介绍了在小学低年级阶段与学业成就密切相关的基础认知能力重点有哪些。

第三，解释了怎么做。该书专门用两章的篇幅把作者在学校中进行课程实施的过程、步骤详细地分享出来，并特别针对教师和家长提出了实施建议和注意事项，这是作者多年来实施课程积累的宝贵经验，便于教师和家长学习和操作。

作为系列丛书，该书还配套了课程材料——《小学一年级认知教育活动》《小学二年级认知教育活动》（每个年级都分为教师用书、学生手册），以便教师和家长选择使用。

学习困难（障碍）学生的教育干预关乎基础教育质量内涵的发展，更关乎儿童学校生活的成败，在当下医疗的作用还很有限的情况下，教育干预依然是最主要的手段。期待书中的理论思考与实践探索能为学习困难（障碍）学生的教育干预实践研究抛砖引玉，引发更多的研究者关注学习困难（障碍）群体，为孩子的健康成长托起一片蓝天！

陕西师范大学特殊儿童认知与行为研究中心教授

赵 微

2024 年 10 月

作者序

随着社会的持续发展，人们对教育的期望日益提升，特别是"双减"政策的实施，使得教育重新回归学校主阵地。推动教育公平与高质量的发展，已成为我国当前及未来基础教育改革的核心指导原则和目标。

学习困难现象在学校中屡见不鲜，其成因涉及生理、心理、学校教育、家庭环境以及社会环境等多重复杂因素。因此，有效改善学习困难问题，促进学习困难学生的全面发展，不仅是基础教育质量内涵提升的关键环节，更是一项亟待解决的挑战。

近年来，人们在认知心理学领域的深入探究为学习困难学生的学习与发展提供了科学且新颖的研究视角。众多研究均显示，学习困难的核心原因在于认知加工障碍所致的基础认知能力不足。此外，已有的研究亦明确指出，通过基础学习能力的强化与适当的干预措施，学生的学习困难状况可以得到显著改善。因此，准确把握学习困难学生的认知发展特性，探寻高效的认知干预策略，并尽早实施此类干预，已成为提升学习困难学生的学业表现、培养其自主学习能力的主要途径。

经过长达五年的深入理论研究和广泛实践探索，我们针对小学一、二年级的学生（包含学习困难学生），成功开发了一套旨在提升其基础认知能力的系列课程资源，并在实际应用中取得了显著成效。

本书内容严谨，结构清晰，分为理论探讨和实践应用两大部分，共计五章。

在理论部分，第一章和第二章深入剖析了认知能力的内涵及其对学业表现的影响机制，进一步论证了改善学习困难学生认知能力的重要性和可行性，从理论角度阐明了研发基础认知教育活动课程的必要性。

实践部分则涵盖了第三章至第五章的内容，详细介绍了实践研究的开展和课程编制的整个流程。第三章基于前述理论，介绍了以陕西师范大学实验小学为实验基地，开展的为期12周的系统认知能力干预实践研究，深入探讨了干预措施对学习困难学生认知能力及学业发展的具体影响，有效验证了基础认知教育活动课程的实践效果。第四章和第五章则从实际操作的角度出发，详细介绍了基础认知教育活动课程的编制原则、实施流程和具体操作方法，为广大教育工作者提供了翔实、可操作的实践指导，明确了在实际教学中如何有效实施该课程。

本课程在研发过程中得到了尚海艳、李丹、徐玥、邹震飞等研究生的大力协助，在实践操作中得到了实验小学"名校+"团队任楷文、王藤、张乐乐、贺姣姣、纪梦丽、付生慧、宋小君的支持。感谢他们！

基础教育是青少年儿童全面发展、健康成长的基石。对于学习困难学生而言，构建符合其学习特点的课程资源尤为重要。这些资源的适宜性不仅关乎学生的健康成长，更是促进他们健全人格形成的关键。我们对此充满期待，并坚信在基础教育高质量发展的进程中，学习困难学生必将得到更为全面的发展与成长。希望本书的内容能够起到抛砖引玉的作用，引发大家对学习困难学生的教育干预的更多的理论与实践思考。

刘朦朦

2024 年 10 月

刘朦朦，陕西师范大学在读博士；高级教师，陕西师范大学实验小学"名校+"副校长，陕西师范大学教育学部特殊教育专业校外合作导师，西安市心理"名师+"工作室主持人，陕西师范大学特殊儿童认知行为中心特聘研究员。荣获国家基础教育教学成果二等奖、陕西省基础教育教学成果特等奖、陕西师范大学基础教育教学成果特等奖。先后主持、参与完成13项部、省、市级科研课题，其中7项科研成果被评为国家、省级、区级优秀教研成果。在《教育家》《现代特殊教育》《上海教育》和 Learning Disability Journal 发表文章8篇，参与编写"小学审辩阅读教学系列丛书"和"挑战学习困难"丛书。

目 录

第一章 认知能力的理论解释 ·· 1

第一节 认知能力的概念 ·· 1
一、认知与认知能力 ·· 1
二、国外关于认知能力研究的发展过程 ···························· 4
三、国内关于认知能力研究的发展过程 ···························· 10
四、认知能力研究在教育领域的应用 ······························ 13

第二节 认知能力的理论解释 ·· 18
一、皮亚杰认知能力发展理论及其在学习困难领域的应用 ·········· 18
二、信息加工理论及其在学习困难领域的应用 ····················· 21
三、PASS 理论及其在学习困难领域的应用 ························ 25
四、CHC 理论及其在学习困难领域的应用 ························ 29
五、四种理论对学习困难认知能力改善的启示 ····················· 35

第三节 认知能力对学业发展的影响机制 ···························· 37
一、感知觉对学业发展的影响机制 ································· 37
二、注意对学业发展的影响机制 ··································· 40
三、工作记忆对学业发展的影响机制 ······························ 45
四、长时记忆对学业发展的影响机制 ······························ 48

第二章 小学生基础认知能力的特点 ·································· 52

第一节 小学生基础认知能力的发展特点 ···························· 52
一、感知觉特征 ·· 53
二、注意特征 ·· 55

三、记忆特征 …… 57
四、执行控制功能特征 …… 59

第二节 小学学习困难学生的基础认知能力特点 …… 61
一、什么是学习困难 …… 61
二、学习困难学生的感知觉特点 …… 63
三、学习困难学生的注意力特点 …… 67
四、学习困难学生的记忆特点 …… 69
五、学习困难学生的执行控制功能特点 …… 78

第三节 基础认知能力干预对改善学习困难的必要性 …… 80
一、认知干预对认知能力的积极影响 …… 80
二、基础认知能力干预对学习困难学生认知能力的积极影响 …… 82
三、基础认知能力干预对学习困难学生学业成绩的积极影响 …… 86

第三章 小学生基础认知教育活动课程研制的实践研究 …… 89

第一节 基础认知教育活动课程中的认知能力选取 …… 89
一、小学一、二年级学生早期干预的必要性 …… 89
二、CHC 理论中一般认知能力与小学一、二年级学生学业发展的关系 …… 90
三、普通学生与学习困难学生在 CHC 维度上的发展差异 …… 93
四、课堂观察中常见的小学低年级学生认知能力问题 …… 96

第二节 基础认知教育活动课程的研制过程 …… 99
一、基础认知教育活动课程的编制原则 …… 99
二、课程资源的研制流程 …… 101
三、课程资源的核心内容 …… 102
四、基础认知教育活动课程编排的特点 …… 108

第三节 基础认知教育活动课程的实践效果 …… 109
一、样本校的课程应用模式——RTI 模式下三层级课程实施 …… 109
二、第一层级集体教学中的实践与效果 …… 110
三、第二层级小组教学中的实践过程与效果 …… 114
四、第三层级个别化教学的实践过程与效果 …… 120

第四章 基础认知教育活动课程的实施 …………………………………………**129**

第一节 注意力课程的实施 ……………………………………………**129**
一、常用的注意力干预方法 …………………………………… 129
二、基础认知教育活动课程中的注意力课程的实施 ………… 132

第二节 工作记忆课程的实施 …………………………………………**135**
一、常用的工作记忆干预方法 ………………………………… 135
二、基础认知教育活动课程中的工作记忆课程的实施 ……… 139

第三节 加工速度课程的实施 …………………………………………**141**
一、常用的加工速度干预方法 ………………………………… 141
二、基础认知教育活动课程中的加工速度课程的实施 ……… 142

第四节 数学认知课程的实施 …………………………………………**144**
一、常用的数学认知干预方法 ………………………………… 144
二、基础认知教育活动课程中的数学认知课程的实施 ……… 147

第五节 计划能力课程的实施 …………………………………………**151**
一、常用的计划能力干预方法 ………………………………… 151
二、基础认知教育活动课程中的计划能力课程的实施 ……… 151

第五章 基础认知教育活动课程的实施建议 ………………………………**156**

第一节 给学校的建议 …………………………………………………**156**
一、RTI 指导下多层级课程支持体系建构 …………………… 156
二、在三层级中开展基础认知教育活动课程的方法 ………… 159
三、多层级课程实施中的评估问题 …………………………… 160
四、在每一层级中营造支持性氛围 …………………………… 161
五、充分的时间保证 …………………………………………… 161
六、灵活的课程资源选择 ……………………………………… 162
七、重视全员教师培训 ………………………………………… 162
八、建立与学科教研相结合的教研制度 ……………………… 162

第二节 给教师的建议 …………………………………………………**163**
一、教师的角色转变 …………………………………………… 163

二、为学生提供适宜的教学层级内容 …………………………… 164
三、强调趣味性与互动性 …………………………………………… 164
四、重视对认知策略的引导 ………………………………………… 165
五、与常规学科教学相结合 ………………………………………… 165
第三节 给家长的建议 ……………………………………………………… 165
一、先"备课" ……………………………………………………… 166
二、以亲子游戏的方式开展学习 …………………………………… 167
三、重视孩子的思维过程 …………………………………………… 168
四、支持和理解学习困难孩子 ……………………………………… 169

结语 ……………………………………………………………………………… 171

第一章　认知能力的理论解释

本章旨在深入剖析认知能力的概念框架，全面审视当前主流的认知能力理论，并将进一步探究这些理论在小学生学业成就的发展方面，尤其是在学习困难领域的研究与教育实践中的应用。本章通过细致的理论分析，力图揭示认知能力在小学生学业进步中的核心作用机制，以促进读者对小学生认知发展和学习过程的深入理解。此外，本章还将探讨如何准确识别学习困难学生在认知发展中遇到的障碍，以及为何提升认知能力在缓解学习困难中起着关键作用。

本章的核心目标是为学习困难学生的早期认知能力干预奠定坚实的理论基础，并为优化这些学生的学习体验提供理论指导。期望本章的研究能够为教育工作者提供策略和工具，使其更有效地支持学习困难学生的认知发展，从而促进学生的整体学业成就。

第一节　认知能力的概念

一、认知与认知能力

（一）认知

"认知"是一个由"认"和"知"两个字组成的词汇，这两个字都有着深厚的历史底蕴。"认"字最早出现在甲骨文中，它的形象是一个人正在用眼睛观察并用手去取物，象征着辨认、认识的动作。而"知"字则最早出现在金文中，由"矢"和"口"组成，表示用口传达矢（箭）的信息，后引申为知道、了解的含义。随着语言的发展，"认"和"知"逐渐结合成为一个词，用来表示人类通过心理活动获得知识或理解的过程。

在现代汉语中，"认知"已经成为一个常用的词汇，并在心理学、哲学、语言学等领域得到了广泛的应用。在英语中，认知（cognition）的词源可以追溯到拉丁语词根"cognoscere"，其意为"知道"或"了解"。这个词根由"co-"和"gnoscere"两部分组成，"co-"表示"一起"，"gnoscere"表示"知道"，因此"cognoscere"可以被理解为"一起知道"，后来逐渐扩展为表示人类通过感知、学习、思考等方式获得知识或理解的过程。

认知的含义逐渐扩展，不仅涵盖了个体的认识过程，也涉及了群体、社会乃至人类整体对世界的理解和认识。在心理学、哲学、语言学、计算机科学等多个学科中，认知成了一个核心的研究概念，用以探讨人类心智的本质和工作机制。例如，在心理学领域，认知通常指人类思维、学习、记忆、知觉、语言等心理过程，即人们对信息的处理、加工和应用的过程。此外，认知也指人们获得知识或应用知识的能力，包括感知、记忆、思维、想象和语言等方面。在医学领域，认知也指人的认识、识别能力，如认知能力障碍等。

因此，认知是一个复杂的概念，在多个学科领域都有应用。通过深入研究认知，人们可以更好地理解人类思维和行为的特点，为人类的认知发展和进步提供重要的理论支持和实践指导。

（二）认知能力

认知能力作为人脑处理信息、适应环境、获取知识和解决问题的核心能力，涵盖了多个关键的功能和过程。不同的学科和领域对其定义和关注点有所差异。

在心理学中，认知能力被界定为人的大脑对信息的加工、储存和提取能力，包括感知、记忆、注意、思维和想象等方面。它是人们成功完成各类活动的重要心理基础，体现了人类的高级信息处理能力，如感知、学习、记忆、推理和决策等。这种能力对于人类适应环境、获取知识、解决问题、创新和发展具有决定性作用，其水平直接反映了人的智力和思维发展水平。

在教育学领域，认知能力被视为学习、研究、理解、概括和分析的重要基础。从信息加工的角度看，它涉及接收、加工、贮存和应用信息的能力。观察力、注意力、记忆力、想象力等认知能力共同作用于学生的学习过程，帮助他们认识客观世界，获取广泛的知识。特别对于小学低年级学生，观察力、注意力、记忆力和加工速度等能力的发展尤为重要，这些能力也是学习困难学生常见的薄弱能力。

尽管不同学科领域对认知能力的定义各有侧重，但普遍认同其在人们成功完成活动中的重要心理作用。在学习、研究、理解、概括和分析等过程中，认知能力发挥着不可或缺的作用。当我们涉足新学科或领域时，认知能力使我们能够理解和吸收新知识。例如，在学习新语言时，记忆能力使我们能够记住单词和语法规则，理解能力则使我们能够掌握语言的运用场景和文化背景。在科研过程中，认知能力使我们能够分析问题、提出假设并进行实验验证，如科学家在研究新科学现象时，需要运用分析能力和推理能力来揭示现象背后的原理和规律。

此外，认知能力还是我们理解抽象概念和思想的基础，对于学习具有至关重要的作用。通过运用逻辑思维和抽象思维能力，我们可以深入理解数学定理、哲学思想等抽象概念的本质和内涵。在处理大量信息时，认知能力使我们能够概括和总结关键要点，如在阅读文章或报告时，运用概括能力提炼出中心思想和重要观点。在数据分析领域，认知能力使我们能够理解和解释数据背后的意义，运用统计知识和分析技能从海量数据中提取有价值的信息，为决策提供支持。

（三）认知与认知能力的关系

认知和认知能力是两个紧密相连的概念，但在定义和范围上有所不同。认知是指通过心理活动(如形成概念、知觉、判断或想象)获取知识的过程，包括感知、思维、记忆、想象等多个方面，是我们理解和解释世界的基础，也是我们进行决策、学习和交流的关键。而认知能力则是指大脑加工、编码、储存和提取信息的能力，包括观察力、记忆力、想象力、分析判断能力、思维能力等多个方面。认知能力是认知过程的基础，是我们进行认知活动的能力和条件。

可以说，认知是认知能力的运用和表现，而认知能力则是认知的基础。两者相辅相成，不可分割。认知能力的提升和优化可以帮助我们更好地进行认知活动，提高我们的思维能力和决策水平。同时，认知活动的丰富和多样性也可以促进认知能力的提升和发展。

因此，认知和认知能力之间的关系是密切而复杂的，它们相互依存、相互促进，共同构成了人类认知活动的完整框架。

在深入探究学习困难现象及其背后成因的过程中，认知与认知能力理论占据了至关重要的地位。此理论为我们提供了坚实的理论基础，用以深入理解学习困难现象的发生机制，并揭示学习困难学生在学习过程中可能出现的认知障碍。通过系统的研究与细致的分析，我们能够更为精准地识别出学习困难学生所面临的认知挑战，从而为他们量身打造有效的支持措施。该理论的应用不仅显著提升了学习困难学生的学习效果，更是教育领域追求科学、理性与专业性的重要体现。

二、国外关于认知能力研究的发展过程

国外关于认知能力的研究是一个多学科、跨领域的广泛研究领域，其发展历程丰富且多样。对认知能力研究历程的梳理可以揭示认知能力对教育实践的重要贡献。

（一）认知心理学的兴起阶段

认知心理学，作为认知科学中的重要研究领域，自 20 世纪 50 年代中期开始，逐步显示出其重要性，并在 70 年代确立为西方心理学界的主流研究方向。它主要运用信息加工理论，对诸如注意、知觉、记忆、思维等高级心理过程进行深入研究。1956 年，George A. Miller 提出"神奇数字 7±2"理论，揭示了人类工作记忆中信息项目的容量上限[1]。1967 年，Ulric Neisser 出版了《认知心理学》（*Cognitive Psychology*）一书，标志着认知心理学作为一门独立学科的诞生[2]。此外，Allen Newell 和 Herbert Simon 在 20 世纪 50 年代末期提出了"问题解决"理论，该理论通过计算机模拟人类思维过程来研究问题解决策略[3]，通过计算机模拟开拓了研究人类思维过程的新途径。

进入 70 年代，Daniel Kahneman 和 Amos Tversky 的"启发式与偏差"理论进

---

[1] Miller G A. The magical number seven, plus or minus two: Some limits on our capacity for processing information [J].Psychological Review, 1956, 63(2): 81-97.

[2] Neisser U. Cognitive psychology [M]. New York: Appleton-Century-Crofts, 1967.

[3] Newell A, Simon H A. Heuristic problem solving: The next advance in operations research [J].Operations Research, 1958, 6(1): 1-10.

一步丰富了认知心理学的内涵，该理论深入探讨了人们在决策过程中依赖的启发式策略及其可能导致的认知偏差，为理解人类决策行为提供了新视角和深刻见解[1]。

（二）深度学习研究的进展

自20世纪70年代起，深度学习作为教育领域的新兴研究领域，经历了从概念孕育到正式研究，再到技术扩展和应用聚焦的演进过程。Rumelhart 和 McClelland 在1986年提出的基于误差反向传播算法的神经网络模型，为模拟人类学习与记忆机制奠定了基础[2]。紧接着，LeCun 等人在1998年引入了卷积神经网络（Convolutional Neural Networks，简称 CNN）的概念，并在手写数字识别任务中验证了其有效性[3]。

随着时间的推移，深度学习的研究重点逐渐转向实证探索深度学习与学生综合素养发展之间的关联，以及如何设计支持性学习环境以促进个性化学习体验。Zhang 等人在2020年的研究中，实证分析了深度学习对学生批判性思维、创造力和问题解决能力的影响[4]。此外，Liu 等人在2018年提出了一种情境性环境支持系统的设计框架，该系统通过提供定制化的学习支持和即时反馈，有效提升了学生的学习成效和参与度[5]。

这些研究成果不仅加深了我们对深度学习在教育中应用潜力的理解，也为构建适应性强、响应快速的教育技术系统提供了理论依据和实践指导。

（三）认知科学的形成与发展

认知科学的兴起为人类认知和智能活动的研究开辟了新篇章。Steven Pinker

---

[1] Kahneman D, Tversky A. On the psychology of prediction [J]. Hological Review, 1973, 80(4): 237-251.

[2] Rumelhart D E, McClelland J L. Parallel distributed processing: explorations in the microstructure of cognition. Vol. 1: Foundations [M]. Cambridge: MIT press, 1986.

[3] LeCun Y, Bottou L, Bengio Y, et al. Gradient-based learning applied to document recognition [J]. Proceedings of the IEEE, 1998, 86(2): 227-234.

[4] Zhang J, Liu Y, Chen H. Empirical research on deep learning and student competency development [J]. Educational Research and Reviews, 2020, 17(1): 1-12.

[5] Liu Y, Li X, Zhou T. Design of a situational environment support system for personalized learning [J]. Computers & Education, 2018, 124: 123-134.

的著作《语言本能：心智如何创造语言》（The Language Instinct: How the Mind Creates Language）引入了新的理论视角，深化了对语言与认知之间关系的理解。此外，认知地图（Cognitive Map）[1]理论阐释了大脑如何利用空间信息进行有效导航和复杂决策，而工作记忆模型（Working Memory Model）[2]则揭示了人类在瞬时信息处理中的认知能力，这对于深入理解学习和思维过程至关重要。

认知科学的跨学科特性在神经科学与认知科学的交叉融合、人工智能与认知科学的结合，以及社会认知神经科学、发展认知科学和跨文化认知科学的研究中得到了充分体现。对这些领域的深入探索不仅拓展了认知科学的研究边界，而且促进了对其内在机制的深层次的理解，为认知科学的未来发展奠定了坚实的基础。

（四）认知语言学的发展

认知语言学，作为认知科学的一个关键分支，自20世纪70年代以来在句法、语义和语用学等多个层面取得了显著的学术进展。Ronald Langacker 的《认知语法基础》（Foundations of Cognitive Grammar: Theoretical Prerequisites）对构式语法产生了深远影响[3]。而 George Lakoff 和 Mark Turner 在《我们赖以生存的隐喻》（Metaphors We Live By）中提出的隐喻理论，强调了隐喻在人类思维中的核心作用[4]。Gilles Fauconnier 的心理空间理论和概念整合理论为认知语言学提供了新的理论框架，并在多个领域得到应用[5]。此外，认知语言学与神经科学的交叉研究利用脑成像技术探索了语言处理的神经机制。跨文化研究的兴起促进了对不同文化背景下认知模式差异的理解。在应用语言学领域，认知语言学的理论和方法已被广泛应用于第二语言习得、语言教学和翻译研究，为这些领域带来了新的理论视角和实践工具，从而丰富了我们对语言与认知关系的认识，并为语言学的各个分支领域提供了新的

---

[1] Kitchin R M. Cognitive maps: what are they and why study them?[J]. Journal of Environmental Psychology, 1994, 14(1): 1-19.

[2] Sepp S, Howard J S, Tindall-Ford S, et al. Cognitive load theory and human movement: Towards an integrated model of working memory[J]. Educational Psychology Review, 2019, 31(2): 293-317.

[3] Langacker R W. Foundations of cognitive grammar: theoretical prerequisites[M]. Stanford: Stanford University Press, 1987.

[4] Lakoff G, Turner M. Metaphors we live by [M]. Chicago: University of Chicago Press, 1980.

[5] Fauconnier G. Mappings in thought and language [M]. Cambridge: Cambridge University Press, 1997.

研究路径和方法论指导。

（五）思维能力培养研究

国外在思维能力培养方面的研究已成为教育领域内备受关注的焦点，其研究范畴广泛，包括思维能力的定义、分类、评估机制，以及培养的理论支撑、实践模式和策略等。

在思维能力培养研究领域，国外学者们已经取得了一系列重要的研究成果。Sternberg 提出了一种平衡理论来解释智慧的本质，该理论认为智慧是一种在多个领域中寻求平衡的能力，为思维能力的培养提供了新的视角[1]。Gardner 提出了多元智能理论，认为人类有多种不同类型的智能，每种智能都有其独特的发展过程和表现形式[2]。Resnick 和 Nelson 探讨了数学思维的发展过程，以及如何通过教学干预促进学生的数学思维能力[3]。

Bereiter 和 Scardamalia 提出了知识建构理论，强调了学生在学习过程中主动构建知识和意义的重要性[4]。Hattie 和 Yates 通过对大量教育研究的元分析，总结了影响学生学习成果的关键因素，为思维能力的培养和评估提供了实证依据[5]。Halpern 对批判性思维的基本概念、原则和方法进行了系统介绍，为评估工具的开发提供了理论基础。教育者可以结合这些理论，设计出更有效的教学策略和课程体系，以促进学生思维能力的全面发展。

总体来看，国外在认知能力研究领域的发展历程，涵盖了认知心理学的兴起、深度学习技术的发展、认知科学体系的构建，以及认知语言学的崛起等多个阶段。这些系统性研究不仅深化了我们对人类心智运作机制的认识，而且为教育实践提供了宝贵的理论支持和实践指导。

---

[1] Sternberg R J. A balance theory of wisdom[J]. Review of General Psychology, 2003, 7(2):153-185.

[2] Gardner H. Frames of mind: The theory of multiple intelligences[M]. New York: Basic Books, 2011.

[3] Resnick M, Nelson L. Teaching mathematics for understanding: What is understanding and how can it be taught?[J]. Journal for Research in Mathematics Education, 2011, 42(2): 133-162.

[4] Bereiter C, Scardamalia M. Intentional learning as a participatory culture: A conceptual framework for educational research[J]. Educational Researcher, 2012, 41(3): 167-177.

[5] Hattie J A C, Yates G C. Visible learning: A synthesis of over 800 meta-analyses relating to achievement[M]. London: Routledge, 2013.

（六）认知能力研究与学习困难研究的关系

国外在认知能力与学习困难领域的研究显示了两者之间紧密且复杂的联系。

1. 对认知加工过程的深入理解

认知心理学对人类信息加工过程（包括感知、注意、记忆和思维）的深入分析，为识别学习困难学生的认知障碍提供了理论基础。Smith 在《教育心理学评论》（*Educational Psychology Review*）中详细讨论了学习困难对认知能力的影响，指出学习困难儿童在注意力、记忆力和思维能力上存在显著不足[1]。近二十年，随着认知神经科学的发展，更多研究开始关注大脑在学习过程中的具体作用，如 Posner 和 Rothbart 进一步强调了注意力网络在认知加工中的核心作用[2]，为理解学习困难儿童的注意力问题提供了科学依据。

2. 诊断和评估工具的开发

认知科学研究成果促进了评估工具的开发，这些工具能够诊断学习困难并识别学生在特定认知领域的不足。例如，认知诊断评估（Cognitive Diagnostic Assessment，简称 CDA）方法通过精确测量学生在解决特定任务时所需的认知成分得到详细的诊断信息[3]。随着大数据和人工智能技术的发展，基于机器学习算法的评估工具也为学习困难的早期诊断和干预提供了新的视角[4]。

3. 干预策略的科学制定

认知能力研究揭示了认知过程的加工机制，为制订有效的干预策略提供了理论支撑。记忆困难的学生可以通过联想记忆、故事法等策略提高学习效率[5]。个性化

---

[1] Smith J. The impact of learning difficulties on cognitive abilities[M]. Educational Psychology Review, 2010, 27(2): 251-268.

[2] Posner M I, Rothbart M K. Developing mechanisms of self-regulation[J]. Development and Psychopathology, 2007, 19(4): 925-941.

[3] Lee G, Leighton J, Hunter D. Cognitive diagnostic assessment for education: Theory and applications[M]. London: Routledge, 2012.

[4] Birenbaum M, Tatsuoka K K. Cognitive diagnosis of mathematical problem solving: An application of the rule space method[J]. Journal of Educational Measurement, 2016, 53(1): 3-22.

[5] Karpicke J D, Roediger H L. The critical importance of retrieval for learning[J]. Science, 2008, 319(5865): 966-968.

教学方案根据学生的认知特点调整教学方法，已成为实现精准教学的重要途径[1]。

4. 教育实践的持续改进

认知科学的研究成果对教育实践产生了深远影响，促使教育者更加注重教学方法、课程设计和评估方式的调整，以适应学习困难学生的特殊需求。差异化教学（Differentiated Instruction，简称 DI）和智能辅助教学系统（Intelligent Tutoring Systems，简称 ITS）[2] 的应用为个性化学习提供了支持。

5. 个性化教育的推动

认知能力研究强调了个体差异的重要性，支持了个性化教育的理念。教育者通过了解学生的认知特点，设计个性化的教学计划，满足不同学生的学习需求。例如，在孤独症干预中，认知教学训练计划被分为多个阶段，每个阶段都包含具体的训练技巧和策略[3]。这种分阶段、个性化的干预方法有助于孤独症儿童逐步构建起坚实的认知基础。

6. 神经科学的贡献

认知神经科学的研究揭示了大脑处理信息的机制，对理解学习困难的神经基础具有重要意义，同时也有助于开发新的干预策略，以促进大脑功能的改善。功能性磁共振成像（fMRI）技术被用于研究学习困难儿童在执行任务时的大脑激活模式[4]。该研究有助于揭示学习困难的神经机制，并为开发新的干预策略提供重要依据。

综上所述，国外的认知能力研究结果为学习困难研究提供了坚实的理论基础、多样化的诊断工具、创新的干预策略和教育实践的改进方向。这些研究成果不仅加深了我们对学习困难背后的认知和神经机制的理解，而且推动了更有效的评估工具和干预策略的发展。随着认知科学和技术的不断进步，未来有望出现更多创新的方

---

[1] Tomlinson C A. The differentiated classroom: Responding to the needs of all learners[M]. Arlington: ASCD, 2014.

[2] Graesser A C, VanLehn K, Roscoe R D, et al. "Intelligent tutoring systems." In Handbook of human factors and ergonomics[M]. Boca Raton: CRC Press, 2012.

[3] Rogers S J, Dawson G. Early start Denver model for young children with autism: Promoting language. learning, and engagement[M]. New York: Guilford Press, 2010.

[4] Shaywitz B A, Skudlarski P, et al. Age-related changes in reading systems of dyslexic children[J]. Annals of Neurology, 2007, 62(1): 60-71.

法来支持学习困难学生。

三、国内关于认知能力研究的发展过程

国内认知能力研究的发展经历了由引入到自主创新的转变，尤其在学习困难领域的探索中取得了显著成就。

（一）初期探索阶段

20世纪50年代后期，国内学界开始关注学习困难问题。尽管当时对学习困难的概念和外延理解尚不统一，但这在一定程度上可视为国内认知能力研究的萌芽。朱智贤先生在此时期开展了关于儿童认知发展的初步研究[1]。进入80年代，随着改革开放的深入，随着西方认知心理学理论的引入，如皮亚杰的认知发展理论、奈瑟尔的信息加工理论等[2]，为国内学者提供了全新的研究视角和理论工具。这一时期，国内学者林崇德先生开始尝试运用这些理论框架解释学习困难现象，为后续的深入研究奠定了基础[3]。其研究在教育实践中得到了一定的应用，为教师了解学生的学习特点提供了指导。

（二）多学科交叉融合

20世纪90年代以来，心理学、教育学、神经科学等多学科开始交叉融合，共同推动学习困难认知研究的深入[4]。心理学领域关注认知加工过程（如记忆、注意、思维等）与学习困难的关系[5]；教育学则侧重于教学干预策略的有效性评估，王策三先生的相关研究为教学方法的改进提供了依据[6]；而神经科学则通过技术手段（如脑电、fMRI等）探索学习困难的神经基础[7]。李红教授开展的儿童执行功能

---

[1] 朱智贤. 儿童心理学[M]. 北京: 人民教育出版社, 1980.

[2] 罗伯特·费尔德曼. 发展心理学(第5版)[M]. 苏彦捷, 等译. 北京: 机械工业出版社, 2023.

[3] 李晓东, 聂尤彦, 林崇德. 初中二年级学生学习困难、人际关系、自我接纳对心理健康的影响[J]. 心理发展与教育, 2002 (2): 68-73.

[4] 张欣, 王恩国. 近20年学习困难的认知加工机制研究[J]. 心理学进展, 2021, 11(6): 10.

[5] 金志成, 隋洁. 学习困难学生认知加工机制的研究[J]. 心理学报, 1999 (1): 47-52.

[6] 王策三. 教学论学科发展三题[J]. 北京师范大学学报, 1992 (5): 82-95.

[7] 张小雷, 王玉凤, 侯沂, 等. 学习困难及多动症儿童定量脑电研究[J]. 中国心理卫生杂志, 1992, (6): 242-245+286.

与学习困难关系的研究，为干预策略的制定提供了依据[1]。

多学科合作的模式极大地丰富了研究视角，加速了认知能力研究的发展，提高了教学的针对性。

（三）认知神经科学的快速发展

21 世纪初，随着 fMRI、事件相关电位（ERP）等神经成像技术的广泛应用，国内认知神经科学研究取得了长足发展。余毅震利用 fMRI 技术的研究发现，学习障碍儿童的前额叶皮质可能存在功能发育不全问题或缺陷，左侧额上回、右侧额中回两个区域的激活强度与普通儿童存在显著差异[2]，王恩国等人在通过 ERP 进行有关学习困难的研究中发现，学习困难儿童在信息自动加工方面存在缺陷[3]。此外，周新林教授关于数学学习困难儿童的脑成像研究，揭示了大脑顶叶在数学认知中的重要作用[4]。这些技术为揭示学习困难的神经机制提供了重要支持，使得研究者能够更直接地观察和分析大脑在学习过程中的活动模式，从脑机制加工的层面上了解学习困难，这对于学习困难的早期筛查和诊断有长远的意义。

（四）研究平台与实验室建设

为了支持认知能力研究的深入进行，国内建立了多个高水平的认知科学研究平台和实验室，如北京师范大学认知神经科学与学习国家重点实验室，周仁来教授在此平台开展的工作记忆训练研究[5]，为改善学习困难儿童的认知能力提供了有效方法；何东军、王莹、方方在视觉认知与学习困难方面的研究取得了重要进展，为改善学习困难儿童的视觉信息加工能力提供了理论指导[6]。除此之外，还有中国科学

---

[1] 梁贞巧, 文萍, 李红. 计算困难儿童的抑制控制和转换[J]. 中国特殊教育, 2008(4): 30-34.

[2] 余毅震. 学习障碍儿童心理行为特点及工作记忆的fMRI研究[D]. 华中科技大学, 2006.

[3] 王恩国, 刘昌. 学习困难的ERP研究[J]. 心理科学, 2005(5): 1144-1147.

[4] 张晗, 周新林. 脑与认知科学方法在数学学习研究中的应用[C]// 北京师范大学. 首届华人数学教育会议论文集2014.[出版社不详], 2014: 193-195.

[5] 刘春雷, 周仁来. 工作记忆训练对认知功能和大脑神经系统的影响[J]. 心理科学进展, 2012, 20(7): 1003-1011.

[6] He D, Wang Y, Fang F. The critical role of V2 population receptive fields in visual orientation crowding[J]. Current Biology, 2019, 29(13): 2229-2236.

院脑认知与类脑智能重点实验室、天津师范大学心理与行为研究院、上海交通大学认知神经科学研究中心等，这些平台不仅配备了先进的研究设备和技术手段，还汇聚了众多优秀的科研人才，为学习困难认知研究提供了坚实的基础和保障，众多的研究成果应用于特殊教育领域，为学习困难儿童提供了针对性的训练方案。

（五）研究方法和技术的创新

近年来，国内学者在研究方法和技术上也不断创新。他们开始采用更复杂的实验设计和统计方法（如结构方程模型、元分析等）[1]，以提高研究的科学性和准确性。例如，余国良教授采用元分析研究学习困难的学习焦虑，提高了研究的科学性和准确性。同时，他们还积极探索将神经科学技术与心理学、教育学理论相结合的新途径，以揭示学习困难的深层次原因和干预机制。他们将创新的研究方法应用于大规模的教学调查和评估中。例如，梁菲菲等人利用眼动追踪技术研究阅读困难儿童的阅读过程，揭示阅读障碍儿童的视觉加工特征，以此来为优化阅读教学[2]。

（六）社会认知与应用研究

随着研究的深入，国内学者开始关注社会认知、情绪认知等更广泛领域的认知能力研究，并探索这些研究成果在教育、健康、工作等领域的应用。例如，常晓彤等人对学习困难儿童的心理健康问题进行了研究，试图厘清学习困难儿童存在的心理健康问题的种类、特征及其影响因素，为及时实施诊断与干预工作并做好明确的心理健康服务提供了参考依据[3]。俞国良等人研究了情绪调节能力对学习困难儿童学习成效的影响[4]，并提出了相应的干预策略，应用于学校心理健康教育中。此外，

---

[1] 张婕，黄碧娟，司继伟，等.乡镇小学生的数学焦虑与数学成绩：数学自我效能感和数学元认知的链式中介作用[J].心理发展与教育，2018, 34(4): 8.

[2] 梁菲菲，马杰，李馨，等.发展性阅读障碍儿童阅读中的眼跳定位缺陷：基于新词学习的实验证据[J].心理学报，2019, 51(7): 805-815.

[3] 常晓彤，符薇，姚宇航，等.学习困难儿童的心理健康问题研究[J].心理学进展，2020, 10(10): 1488-1494.

[4] 俞国良，侯瑞鹤，罗晓路.学习不良儿童对情绪表达规则的认知特点[J].心理学报，2006(1): 85-91.

陈英和教授关于问题情境对学习困难儿童认知发展的影响研究[1]，也为创造有利的学习环境提供了指导。

（七）学习困难研究的深化与早期诊断干预

近二十年来，国内学者对学习困难的认知加工机制进行了系统而深入的研究。他们不仅关注了工作记忆、加工速度、短时记忆和抑制机制等核心认知过程，还探讨了这些过程与学习困难之间的因果关系[2]。同时，随着对学习困难儿童早期诊断和干预重要性的认识提高，国内研究开始关注早期识别和干预策略的开发。例如，刘翔平教授通过大规模筛查和追踪研究，建立了学习困难儿童的早期诊断模型[3]，并提出了基于认知训练和行为干预的综合治疗方案。其研究成果被儿童心理健康服务机构所应用，为学习困难儿童提供了及时有效的帮助。吴汉荣教授关于学习困难儿童的心理辅导策略研究，为提升学习困难儿童的心理健康水平提供了实践指导[4]。

综上所述，国内的认知能力研究在学习困难领域取得了显著进展。从最初的引入和吸收国际理论到如今的自主创新和发展，国内学者在认知能力研究的各个领域都做出了重要贡献。未来，随着研究的不断深入和技术的不断进步，对于认知能力的研究将在学习困难领域及其他相关领域发挥出重要的作用。

四、认知能力研究在教育领域的应用

认知能力，包括注意力、记忆、思维、判断和推理等多个维度，对个体在学习和工作过程中的表现至关重要。在教育领域，学生的认知能力被视为其核心素质的重要组成部分。学生在注意力集中、记忆保持、问题解决能力以及执行功能等认知领域的表现，对于提高学习效率和提升学校生活的质量具有显著影响[5]。

---

[1] 郝嘉佳, 齐琳, 陈英和. 小学六年级数学困难儿童的元认知特点及其在应用题解决中的表现[J]. 中国特殊教育, 2011(2): 52-57.

[2] 周世杰, 张拉艳. 学习困难儿童的工作记忆研究[J]. 中国临床心理学杂志, 2004(3): 95-99.

[3] 刘翔平. 从差异取向的评估到认知—干预取向的评估——学习障碍评估模式的新趋势[J]. 中国特殊教育, 2003(5): 71-76.

[4] 吴汉荣. 儿童学习障碍的预防及矫治[J]. 中国学校卫生, 2003, 24(5): 6-8.

[5] Cunha F, Heckman J J, Schennach S M. Estimating the technology of cognitive and noncognitive skill formation[J]. Econometrica, 2010, 78(3): 883-931.

然而，部分学生在成长过程中所经历的阶段性变化、个体差异以及家庭环境和教育方式的多样性，可能导致他们的认知潜能未能得到充分挖掘，从而影响他们的全面发展。近年来，国内的教育工作者对学生认知能力的重视程度日益提高，越来越多地运用脑科学的知识来促进学生的健康发展。

对于认知能力的研究不仅为教育实践提供了理论指导，有助于实现学生的个性化教育和认知教育的深入发展，而且为学习评估提供了科学依据，推动了教育技术的进步与创新。通过这些研究成果，我们能够更好地理解学生的认知发展过程，为他们提供更加适宜的教育环境和支持。

（一）为评估和诊断工具的开发提供理论依据

对认知能力的深入研究为评估和诊断工具的开发提供了坚实的理论基础，并推动了评估方法的科学化与持续创新。在CHC（Cattell-Horn-Carroll）理论、PASS（Plan Attention Simultaneous Successive Processing）等理论的指导下，已经开发出众多标准化的儿童认知评估工具。其中，戴斯等人在新的认知理论的指导下构建的认知评估系统（Das-Naglieri: Cognitive Assessment System）[1]，成为具有代表性的评估工具之一。此外，韦氏儿童智力量表（Wechsler Intelligence Scale for Children，简称WISC）作为国际上公认的权威工具[2]，以及瑞文推理测验和希-内学习能力测验（H-NTLA）等，都是目前常用的认知评估工具。

近年来，随着研究的不断进展，认知评估方式正从传统的静态测验向动态测验转变。研究者们所倡导的动态测验运动，强调了教育过程中评估和干预中评估的重要性。动态测验及其衍生的干预反应模式（Response to Intervention，简称RTI），通过施测者与受测者的互动，在教育和干预过程中探索儿童的认知潜能，以实现更公正、全面的评估[3]。

动态测验作为传统静态测验的有效补充，通过在干预中进行测验、在教育过程

---

[1] 陈蓓, 赵微. 从CHC理论角度探析认知评估系统——基于探索性因素分析的方法[J]. 上海教育评估研究, 2016, 5(2): 5-10.

[2] 陈琳. 韦氏儿童智力量表(中文第四版)在特殊儿童评估中的应用[J]. 现代特殊教育, 2016(12): 32-35.

[3] 张丽锦, 张臻峰. 动态测验对"数学学习困难"儿童的进一步甄别[J]. 心理学报, 2014, 46(8): 1112-1123.

中进行评估的方法，能够更全面、精确地反映儿童的认知发展水平[1]。利用这些认知评估工具能够评估学生在记忆、注意力、语言理解和问题解决等多个认知维度上的能力，再结合观察、测试、问卷调查等多种评估手段，就可以让教师和家长全面了解学生的认知水平和学习态度。

综上所述，认知能力研究的发展及其丰富的成果，不仅促进了认知评估在科学性、有效性和多样性方面的提升，而且对于早期识别学习困难、深入了解学习困难学生的认知状况和特定学习需求具有重要意义。这些工具的运用，对于促进学生的全面发展和个性化教育的实施，发挥着不可或缺的作用。

（二）为特定群体的学习能力的改善提供依据

在教育实践中，对个体差异的深入研究对于定制个性化教学策略和提升学生学习成效具有显著意义。实证研究表明，即便是同龄儿童，他们的认知发展水平也存在显著的个体差异，这种差异性提示我们，儿童的认知发展是多样化的，而非单一统一的模式[2]。

教育者需根据学生的个体差异，实施差异化教学，以促进每个学生的认知发展。例如，对于注意力分散的学生，教师可以设计更具吸引力的教学活动，并引入多感官教学材料，以维持学生的专注度。对于记忆能力较弱的学生，教师可以教授联想记忆、重复记忆等记忆技巧，以提高记忆效果。对于思维速度较慢的学生，教师可以采用渐进式教学法，逐步引导他们思考，激发思维活力。

学习困难学生可能在工作记忆、PASS 认知加工过程、抑制控制能力、空间能力以及加法策略等多个认知方面存在不足，这些不足可能影响他们的学习效果和整体发展[3][4]。因此，了解这些认知特点，并根据每个学生的具体需求制定相应的教

---

[1] Calero M D, Belen G M M, Robles M A. Learning potential in high IQ children: The contribution of dynamic assessment to the identification of gifted children[J]. Learning and Individual Differences, 2011, 21(2): 176-181.

[2] 龚少英, 盖笑松, 刘国雄, 等. 小学儿童认知发展的个体差异研究[J]. 心理科学, 2004(6): 1314-1316.

[3] 左志宏, 邓赐平, 李其维. 两类数学学习困难小学儿童抑制控制水平的实验研究[J]. 应用心理学, 2007, 13(1): 50-54.

[4] 王晓芳, 刘潇楠, 罗新玉, 等. 数学障碍儿童抑制能力的发展性研究[J]. 中国特殊教育, 2009(10): 55-59.

学策略，对于提高他们的学习成效和促进其全面发展具有重要意义。

为了减轻学生的工作记忆负担，可以优化教学材料的呈现方式，如分段、分步呈现复杂概念，利用动画标记计算的位数，采用视听结合方式加深学生对数字或符号的辨别。同时，可以设计需要有计划能力等认知能力的游戏，如迷宫、汉诺塔、数字矩阵、图形的系列回忆等，以此训练儿童的动态性认知能力。此外，进行认知策略训练，如数学运算中的计划策略训练，以及元认知策略干预，要求儿童在完成数学运算时进行自我反省，并表达思考过程[1]。认知游戏也被证明可以促进学习困难学生的认知能力发展[2]。

（三）为个别化教育计划的制订提供理论依据

认知能力研究揭示了学习困难学生在认知领域的特殊需求和差异性，这些研究结果为个别化教育计划的制订提供了坚实的理论基础。早期研究已经表明，学习困难学生在认知发展方面普遍落后于同龄人。例如，张登印等人的研究表明，学业不良儿童的认知发展水平显著低于一般儿童，且存在发展上的不平衡性[3]。徐芬和蒋锋的研究进一步指出，学习成绩较差的学生在短时记忆方面与成绩较好的学生存在差异，尤其是在数字和抽象词汇记忆上，这显示出学习策略运用上的不足[4]。张承芬等人的研究则聚焦于元记忆，发现学习困难儿童在记忆组织和监督等方面的表现明显低于非学习困难儿童[5]。胡志海和梁宁建的研究则从更广泛的认知领域出发，发现学业不良儿童在认知能力的整体水平和各个维度上都显著落后，且发展速度较慢[6]。

---

[1] 赖颖慧,朱小爽,黄大庆,等. 3~6年级数学学习困难儿童与正常儿童空间能力的比较[J]. 心理与行为研究, 2014, 12(1): 36-44.

[2] 康丹,周欣,徐晶晶,等. 数学学习困难儿童认知游戏干预的个案报告[J]. 中国心理卫生杂志, 2014, 28(10): 754-759.

[3] 张登印,俞国良,林崇德. 学习不良儿童与一般儿童认知发展、学习动机和家庭资源的比较[J]. 心理发展与教育, 1997(2): 53-57.

[4] 徐芬,蒋锋. 学习成绩差与成绩好学生短时记忆特点的比较研究[J]. 心理科学, 1999(5): 411-414+478.

[5] 张承芬,赵海,付宗国. 学习困难儿童和非学习困难儿童元记忆特点的对比研究[J]. 心理科学, 2000(4): 421-424+510.

[6] 胡志海,梁宁建. 学业不良学生元认知特点研究[J]. 心理科学, 1999(4): 354-355+357.

近年来，认知研究的视角已经扩展到婴幼儿期，强调了早期教育对儿童认知发展的长远影响。Cunha 和 Heckman 的研究表明，幼儿时期是认知和非认知能力发展的关键时期[1]。Burger 的研究进一步证实了早期儿童保育与教育对儿童认知能力的短期正面效应和长期效应[2]。在教育类活动（尤其是在父母的陪伴下）上的投入对儿童认知能力的发展最为有效[3]。父母在儿童早期参与其教育的程度高低与儿童后期的智力、情绪、行为的发展具有广泛的内在联系[4]。而且，儿童早期在认知能力上的缺乏也许是造成教育不平等的潜在效应与学习困难的潜在原因之一[5]。

在生理层面，学龄前儿童的视觉认知能力对其后期的认知发展和学业成就具有重要影响。这些研究成果为教育者提供了宝贵的信息，帮助他们更准确地了解学习困难学生的认知特点和学习需求[6][7]。

综合这些研究成果，教育者可以制定更为科学和个性化的教育方案，确保教学内容和难度与学生的实际能力相匹配。这种基于认知角度的评估不仅有助于促进学习困难学生的学业进步，也是改善其学习困难状况的重要途径。通过这种细致入微的差异化教学，可以为每个学生提供最适合其发展需求的教育环境，从而实现教育的最大化效益。

---

[1] Cunha F, Heckman J. A new framework for the analysis of inequality[J]. Macroeconomic Dynamics, 2008, 12(S2): 315-354.

[2] Burger K. How does early childhood care and education affect cognitive development? An international review of the effects of early interventions for children from different social backgrounds[J]. Early childhood research quarterly, 2010, 25(2): 140-165.

[3] Fiorini M, Keane M P. How the allocation of children's time affects cognitive and noncognitive development[J]. Journal of Labor Economics, 2014, 32(4): 787-836.

[4] McCoby E E. Socialization in the context of the family: Parent-child interaction[J]. Handbook of child psychology, 1983, 4: 1-101.

[5] Brooks-Gunn J. Do you believe in magic? What we can expect from early childhood intervention Programs[J]. Social Policy Report/Society for Research in Child Development, 2003, 17(1): 1-16.

[6] 童梅玲. 关注学习障碍儿童的视知觉[J]. 教育生物学杂志, 2015, 3(Z1): 113-117.

[7] 王钶, 周树青, 郭晓杰, 等. 学龄前儿童视觉认知能力评估量表的编制与信度、效度检验[J]. 中国儿童保健杂志, 2024, 32(2): 138-141.

第二节 认知能力的理论解释

认知能力理论主要关注个体如何获取、处理、存储和应用信息，以及这些过程如何影响学习、决策和行为，为我们提供了理解学习困难和设计有效教学策略的理论基础。常见的认知理论有皮亚杰认知能力发展理论、多元智能理论、信息加工理论、建构主义理论、知识分类与学习层次理论等。为了进一步阐释认知理论与学习困难研究、实践指导的关系，本书综合选取皮亚杰认知能力发展理论、信息加工理论、PASS 理论以及 CHC 理论进行深入的探讨和分析，以便用于精准地指导对于学习困难学生在认知能力方面的改善的研究和实践。

一、皮亚杰认知能力发展理论及其在学习困难领域的应用

（一）皮亚杰认知能力发展理论的内容

瑞士心理学家皮亚杰的认知发展理论深刻阐述了个体如何通过不断适应环境来构建认知结构。这一过程涉及同化和顺应两种基本机制：同化是将新信息融入现有认知结构的过程，而顺应则是调整现有认知结构以适应新信息的机制。这两种机制的平衡对个体认知发展至关重要[1]。皮亚杰的理论指出，儿童的行为和思维方式随着心理结构的出现而变化，这些结构影响他们解读信息的方式。

皮亚杰将认知发展划分为四个阶段：感知运动阶段、前运算阶段、具体运算阶段和形式运算阶段，在每个阶段儿童都有其独特的认知特点和发展任务[2]（见表1.1）。例如，在感知运动阶段，儿童通过感知和运动来适应环境，发展客体永久性的概念。进入前运算阶段，儿童的思维以表象为主，儿童开始使用符号和图像进行推理，但思维仍具有自我中心性和不可逆性。随着年龄的增长，个体在适应环境

---

[1] Carey S, Zaitchik D, Bascandziev I. Theories of development: In dialog with Jean Piaget[J]. Developmental Review, 2015, 38: 36-54.

[2] Brown T, Smith L. Reductionism and the development of knowledge[M]. Mahwah, NJ: Lawrence Erlbaum, 2002.

的活动中，对事物的认知及面对问题情境时的思维方式与能力表现在不断改变[1]。

表 1.1 认知能力发展阶段特征

年龄范围	阶段名称	智力活动水平	特征
0～2岁	感知运动阶段	感知运动水平	初获客体永久性概念、问题解决能力萌芽
2～7岁	前运算阶段	表象水平	相对具体性、不可逆性、自我中心、泛灵论
7～12岁	具体运算阶段	逻辑思维水平	获得认知操作能力、去集中化、去中心化、思维具有可逆性
12～15岁	形式运算阶段	抽象逻辑思维水平	运用逻辑推理解决问题、逐渐接近成人的思维水平

在0～2岁的感知运动阶段，儿童主要凭借视觉、听觉和触觉等感知外界刺激，协调并适应外界环境，其智力活动处于感知运动水平。在8到12个月的时候，儿童就有了客体永久性的概念，即儿童理解了物体是作为独立实体而存在的，比如当大人将儿童的玩具拿开后，儿童会自己寻找玩具，不会认为玩具消失了。在此阶段的儿童对自我和他人的概念已经有了初步的理解[2]。儿童与周围环境进行实际互动，在现实世界中了解其运作方式。

在2～7岁的前运算阶段，儿童具有表象思维，处于这一阶段的儿童能够进行推理，并给出合乎逻辑的思路，有运用符号的能力，还不能进行抽象的概念化，而需要具体的物理情境。其智力活动处于表象水平[3]。在这一阶段，儿童的语言、思维、想象力和解决问题的能力发展较快，因为他们能够使用图像和符号。儿童的词汇量增加，他们从使用一两个词的短语发展到可以说出完整的句子。此阶段的儿童具有一定的特点：思维不可逆、自我中心、未掌握守恒概念以及泛灵论。这一阶段

---

[1] Bukatku D, Daehler W. Child development: A thematic approach (2nd edition)[M]. Boston: Houghton Miffin Company, 1995.

[2] Bjorklund D F, Ellis B J. Children, childhood, and development in evolutionary perspective[J]. Developmental Review, 2014, 34: 225-264.

[3] Mwamwenda T S. Educational psychology: An African perspective(3rd edition)[M]. Durban: Heinemann, 2009.

的儿童往往以自身的角度去认识和理解事物,无法协调自己与他人不同的想法与观点,存在明显的自我中心特点[1]。虽然较感知运动阶段的儿童有很大的发展,但是他们仍用感知觉来认识事物,感性思维大于理性思维。这一阶段的儿童未掌握守恒概念,也就是说他们的思维具有不可逆性,例如,如果我们把液体从一个杯子倒入另一个形状不同的杯子,他们会认为前一个杯子中的液体比后一个中的液体多。

在7～12岁的具体运算阶段,儿童的认知能力能够摆脱知觉的局限,获得概念的稳定性,形成守恒观念。面对具体问题时他们可以进行逻辑运算,例如,可以直接用数字来计算,而不仅仅是用物体来表示。这个阶段之所以称为"具体运算阶段",是因为此阶段的儿童可以完成例如分类、排序、构建数的概念、空间和时间运算,以及所有基本的类和关系的基本逻辑运算等。其思维具有可逆性,智力活动处于获得概念稳定性,进行逻辑思维的阶段。在这个阶段,儿童能够根据过去的经验和具体证据进行逻辑思维。守恒是儿童思维成熟的最大特征,所谓守恒是指人们处于物体在形态、形状、排列方式、量度等性质上发生改变而实质不变的情况下,其知觉仍能保持不变的心理倾向。这种守恒观念的形成标志着儿童的认知发展达到一个重要阶段[2]。具体运算阶段的儿童能够成功地完成与物质守恒、反式推理和物体分类有关的任务。他们已经可以比较和理解自己与他人观点和想法的不同。

在12～15岁的形式运算阶段,儿童在思维形式上能够从具体内容中解放出来,提出假设,凭借演绎推理、归纳推理解决抽象问题。这一阶段发生在青春期早期,儿童在理解抽象概念时需要具体例子的帮助,他们的认知结构与成人相似,包括概念推理,能够超越具体的证据,其智力活动达到最高级别的抽象逻辑思维阶段。形式运算阶段的儿童在认知能力发展上达到顶峰,能够建立起自己独特的思维模式,从而形成一套完整的认知体系。

皮亚杰的理论不仅为我们提供了理解儿童认知发展的框架,也为教育实践提供了指导。它强调了教育干预应考虑儿童所处的发展阶段,以促进其认知能力的最佳

---

[1] Feldman D H. Piaget's stages:The unfinished symphony of cognitive development[J]. New Ideas in Psychology, 2004, 22(3): 175-231.

[2] 李晓东, 徐雯, 李娜燕. 潜逻辑运算类皮亚杰守恒任务中的负启动效应[J]. 心理科学, 2012, 35(2): 358-363.

发展。这一理论对于设计个性化教学计划、评估工具和教育策略具有重要的启示作用，有助于教育者更有效地支持每个儿童的认知成长[1]。

（二）皮亚杰认知能力发展理论在学习困难领域的应用

皮亚杰的认知发展理论为理解学习困难提供了独特的视角，强调教育实践必须与学生的阶段适宜性认知能力相匹配。教育者通过准确识别学生所处的认知发展阶段，能够设计出个性化的教学策略，确保教学内容既适合学生的理解能力，又能激发他们的认知潜能。例如，在具体运算阶段，学生通过具体的实例和操作进行学习，而在形式运算阶段，学生则能够处理抽象概念和逻辑推理。

皮亚杰的理论进一步强调了认知诊断和干预的重要性。教育者可以通过对学生认知能力的细致评估，识别学习困难并提供针对性的支持。对于认知发展滞后的学生，可以设计特定的教学活动来加强其基础认知技能。此外，皮亚杰的理论还提倡培养元认知能力，教育者可以教授学生如何自我监控和调节学习过程，从而提高学习效率。

通过这些方法，教育者不仅能够帮助学生克服当前的学习困难，还能够促进他们认知能力的长期发展，为未来的学习打下坚实的基础。皮亚杰的理论为教学实践、儿童发展、教育工作、学习困难研究等多个领域提供了重要的理论支持和指导。运用这一理论，我们能更好地理解儿童的认知发展规律，并为他们的成长和发展创造更有利的环境和条件。

二、信息加工理论及其在学习困难领域的应用

（一）信息加工理论的主要内容

信息加工理论自20世纪70年代起成为认知心理学的主流框架，借鉴计算机科学与信息论的观点，将人脑视为一个信息加工系统。该理论着重探讨个体如何接收、处理、存储和提取信息，以及这些过程如何塑造学习行为。核心理念是通过分析信息的输入、加工、存储和输出等环节揭示人类学习的本质和规律。

---

[1] 麻彦坤,叶浩生. 差异与互补: 皮亚杰与维果茨基认知发展观比较的新思考[J]. 心理科学, 2004, 27(6), 1426-1427.

美国教育心理学家加涅提出,认知过程是个体对信息进行加工的过程,其中新信息在短时记忆中与已有知识相联结,构建并完善个体的"经验网络"[1]。

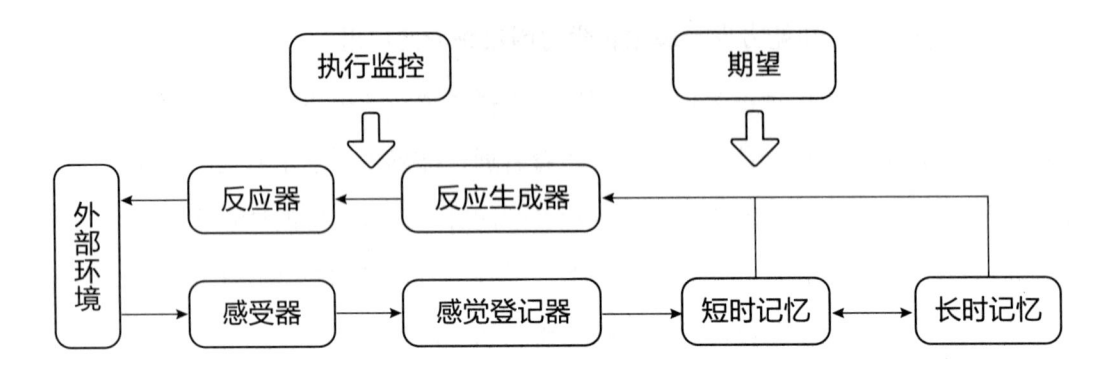

图 1.1　学习与记忆加工模式图 [2]

信息加工学习理论视学习为一个主动建构认知结构的过程,强调学习者通过感知、注意、记忆和思维等心理活动,选择性地加工和整合外部信息,构建个人的认知结构。同时,该理论亦强调学习者的内部加工过程与外部环境的相互作用,主张教学应根据学习者的内部加工过程来设计,以促进有效学习[3]。

信息加工理论的关键要素包括以下方面。

信息编码:学习开始于对信息的感知和编码。信息编码是将感知输入转换为可以被大脑进一步处理的形式。

存储:信息一旦被编码,就会进入短时记忆或工作记忆,这是一个容量有限的存储系统,用于暂时保持信息。信息还可以通过重复或深入加工被转移到长时记忆,这是一个几乎容量无限的存储系统,可以长期保留信息。

检索:存储在长时记忆中的信息可以通过检索过程被调用到工作记忆中,以供使用或进一步加工。

工作记忆:工作记忆是信息加工理论中的一个重要概念,它涉及同时处理和操纵信息的能力,对复杂认知任务至关重要。

---

[1] Gagné. The Conditions of Learning[M]. New York: Holt, Rinehart and Winston, 1977.

[2][3]　王甦, 汪安圣. 认知心理学[M]. 北京:北京大学出版社, 2010.

注意力：注意力是信息加工的一个关键因素，它决定了哪些信息将被编码和进一步加工。

元认知：元认知是对自己认知过程的认识和控制，包括规划、监控和评估自己的学习过程。

自动化：随着持续的练习，某些认知过程可以变得更加自动化，即不需要太多注意力就能执行，从而释放工作记忆资源用于其他任务。

信息加工速度：信息加工速度是个体对输入信息的获取、编码、储存和提取等一系列操作在速度上的发展变化过程，影响个体学习效率，这不仅体现在有速度的任务操作上，也体现于有控制的刺激速度、反应速度及限时的操作活动中。个体之间在信息处理速度上可能存在差异。

认知负荷：认知负荷理论是信息加工理论的一个分支，关注信息处理的负荷对学习的影响，特别是当任务要求超出工作记忆的容量时。

问题解决：信息加工理论也关注问题解决过程，包括理解和表征问题、搜索解决方案以及执行和评估解决方案。

在信息加工的过程中，注意力、短时记忆、工作记忆、长时记忆等关键能力是保证信息加工顺利进行的必备能力。我们获得任何信息都需要这些能力的参与，在每一个阶段中学习者都需要不断地适应环境，调整自身的状态与学习策略以及自身行为。充分了解学习过程的信息加工机制和特征，对于帮助并指导学习者有效地选择、组织和整合信息具有重要的作用，进而达到帮助学习者提高学习能力、有效解决复杂任务的目的。

此外，元认知在学习过程中发挥着重要作用，通过培养学习者的元认知能力，可以帮助他们更有效地监控和调节学习过程，提升学习成效。了解信息加工机制和特征对于指导学习者选择、组织和整合信息至关重要，有助于提高学习者的学习能力和解决复杂任务的能力。

（二）信息加工理论在学习困难领域的应用

信息加工理论深刻揭示了学习困难学生在信息处理过程中可能遇到的挑战。该理论指出，学习困难可能源于信息编码、存储和提取等环节的错误或不足[1]。与普通学生相比，学习困难学生在信息加工的多个方面能力较弱，如语音加工、正字法加工、语义和句法加工、工作记忆加工等[2][3]。

对于学习困难学生来说，他们可能在感觉输入的某个或多个环节存在问题，如视觉或听觉处理障碍。这些问题可能导致他们无法有效地接收和处理学习材料，进而影响学习效果。因此，通过评估和改善感觉输入能力，可以帮助学习困难学生提高学习效果。

注意在信息加工中扮演着至关重要的角色。学习困难学生可能面临注意力不集中、易分心等挑战，这使他们难以专注于学习任务。通过训练和提高注意力技能，学习困难学生可以更好地聚焦于学习内容，从而提高学习效率。

长时记忆和工作记忆在学习过程中扮演着重要角色。学习困难学生可能面临记忆力减退或工作记忆容量有限的问题，加强记忆训练和提升工作记忆能力对于他们存储和处理学习信息至关重要。

信息加工理论为学习困难的研究与干预提供了一个结构化的分析框架，强调了感知、注意、记忆和思维等连续阶段的信息处理过程。教育者可以利用这一理论识别学习困难学生在信息加工的特定阶段所遭遇的挑战，并设计有针对性的策略，如教授记忆技巧、提升元认知技能、优化学习材料的设计，以及运用技术工具辅助学生学习。

此外，信息加工理论还强调个性化学习计划的重要性，通过定制基于学生个体差异的教学方法，提升学生的学习效率。教育者可以根据理论指导学生，精心设计学习材料，并在教学过程中进行持续评估与反馈，创建既不造成学生认知负荷又能促进深度信息加工的教学内容。

通过定期评估，教育者能够及时获取学生学习进度的反馈，并调整教学策略以满足学生的特定需求。这种动态的、数据驱动的教学方法有助于早期识别学习困难

---

[1] 陈栩, 郭斯萍. 国外学习困难学生研究综述[J]. 教育科学研究, 2006 (6): 37-39.

[2] 邹艳春. 汉语学生发展性阅读障碍的信息加工特点研究[D]. 华南师范大学, 2003.

[3] Hong B, Chick K A. Understanding students with learning difficulties: How do they learn?[J]. Kappa Delta Pi Record, 2013, 49(1): 30-36.

并实施有效的干预措施。信息加工理论不仅有助于我们增进对学习困难本质的理解，也是我们在促进学生的认知发展和提升学业成就的教育实践中科学实用的指导工具。

三、PASS 理论及其在学习困难领域的应用

（一）PASS 理论的主要内容

PASS 理论由 Das 和 Naglieri 于 1994 年提出，是在认知心理学和神经心理学影响下诞生的重要智力理论[1]。PASS 理论把智力研究的焦点从特质分析转移到内部动态过程的分析上，深化了人们对智力本质的认识。PASS 理论认为，智力活动包括四个认知加工过程：计划（Planning）、注意（Attention）、同时性加工（Simultaneous processing）和继时性加工（Successive processing），同时这四个认知过程又形成了三个认知功能系统：注意-唤醒系统、编码-加工系统和计划系统[2]（见图 1.2）。

在 PASS 理论中，注意-唤醒系统是认知加工的基础，负责选择性关注目标刺激并忽略无关刺激，维持必要的觉醒水平以专注于任务。编码-加工系统作为中间阶段，涉及同时性加工和继时性加工，分别负责整合信息为整体和按序列组织信息。计划系统则位于最高层次，控制、组织和监控整个认知加工过程。这三级认知功能系统既相互依赖又彼此独立，共同协调合作，保证儿童认知活动的运行[3]。

计划是一种提供认知控制的心理过程，包括制订策略和计划、自我监控、自我调节以及利用过程性知识和先前知识实现目标。计划对所有需要确定如何解决问题的活动都至关重要，其中包括自我监控和冲动控制，以及生成、评估和执行解决问题的策略。计划通过评估策略的价值、监测其有效性、按需修改或否决计划，以及控制冲动行为来衡量个体所制订的行动计划。

---

[1] Das J P, Naglieri J A, Kirby J R. Assessment of cognitive processes: The PASS theory of intelligence [M]. Boston: Allyn and Bacon, 1994.

[2] Xiaochen Wang, George K, Georgiou J P, et al. Examining the effects of PASS cognitive processes on Chinese reading accuracy and fluency[J]. Learning and Individual Differences, 2012, 22(1): 0-143.

[3] Georgiou G K, Guo K, Naveenkumar N, et al. PASS theory of intelligence and academic achievement: A meta-analytic review[J]. Intelligence, 2020, 79: 1-19.

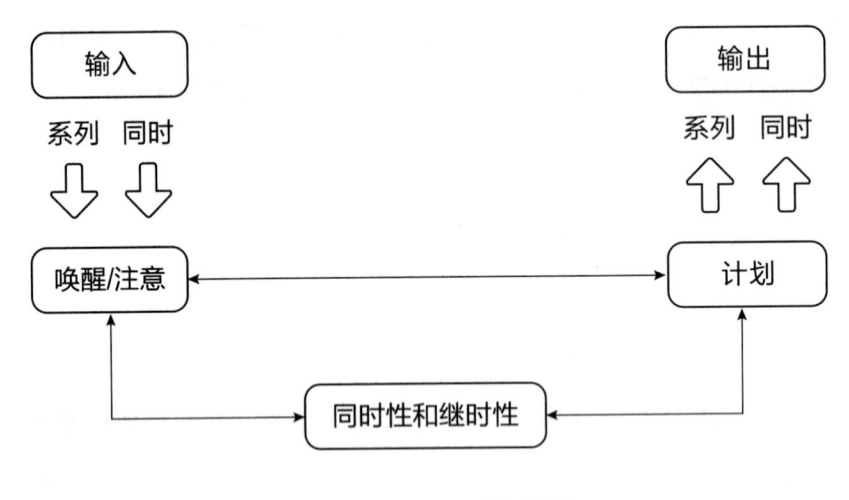

图 1.2　PASS 理论模型

注意力是指在一段时间内能够集中且有选择地进行认知活动，并能抵御分心的能力。当一个人有选择性地关注特定刺激并抑制无关刺激时，其注意力就会被唤醒。在这个过程中，个体的注意力会逐渐集中并具有选择性。集中注意是指将注意力集中在某一特定活动上，而选择性注意对于抑制干扰刺激的反应非常重要。有效的注意力在个体的整个认知过程中起到至关重要的作用。

同时性加工的一个重要作用是将相互关联的信息组织成一个整体。除了用于处理视觉空间任务，同时性加工过程也可用于处理语言和非语言任务。例如，同时性加工是人们使用和理解语法语句的基础，阅读时语法语句是同时出现在视野中进入大脑的，大脑对词义关系、介词和转折词进行理解加工。此时，如果语句中个别字词的词义关系出现错误，阅读也不会受到影响，因为大脑是把词语或句子当作整体进行加工的。

当信息按特定的顺序排列，形成链式递进时，就会产生继时性加工。在这一过程中每个信息都只与前面的信息相关，而且这些信息之间互不关联。继时性加工既包括按顺序感知刺激，也包括按顺序形成声音和动作。因此，继时性加工与涉及语音技能和语言句法的活动有关[1]。

---

[1] 刘佳芸, 郑远霞, 蔡丹. 小学生不同数学技能和PASS认知过程的关系: 一年跟踪的交叉滞后分析[J]. 心理科学, 2022, 45(2): 347-355.

（二）PASS 理论的应用

PASS 理论的应用在教育领域尤为显著，特别是在学习困难学生的评估和干预中。该理论提供了一个新的视角来理解和评价智力，尤其是在对智力落后者、阅读困难者、注意缺陷者等特殊群体的研究中，通过对这些特殊群体的信息加工过程进行分析和评估，可以深入地了解他们的认知特点和困难所在，为制定有针对性的教育和干预措施提供科学依据。

1. 基于 PASS 理论的学习困难学生评估工具的研制

基于 PASS 理论开发的 CAS（Cognitive Assessment System），是针对 5～17 岁儿童和青少年的个别化认知评估工具，可以有效地动态评估认知过程，包括计划、注意、同时性加工和继时性加工四个分量表，共 12 个分测验，如图 1.3 所示[1]，测验中所选任务多来源于经典研究中的实验任务，经典实验与认知过程评估得到了较好的融合，因此被广泛应用于特殊群体的鉴别与诊断中。

目前，该量表成为评估和诊断阅读困难的重要工具之一，美国、日本、韩国、希腊等 20 多个国家将该量表应用于临床认知科学领域，特别是学习困难学生的认知操作领域。CAS 认知评估系统在国内也得到了较为广泛的关注，结果发现，CAS 比韦氏儿童量表更加系统，更能反映儿童智力发展的全貌，也能够更好地预测学生的成绩[2]。

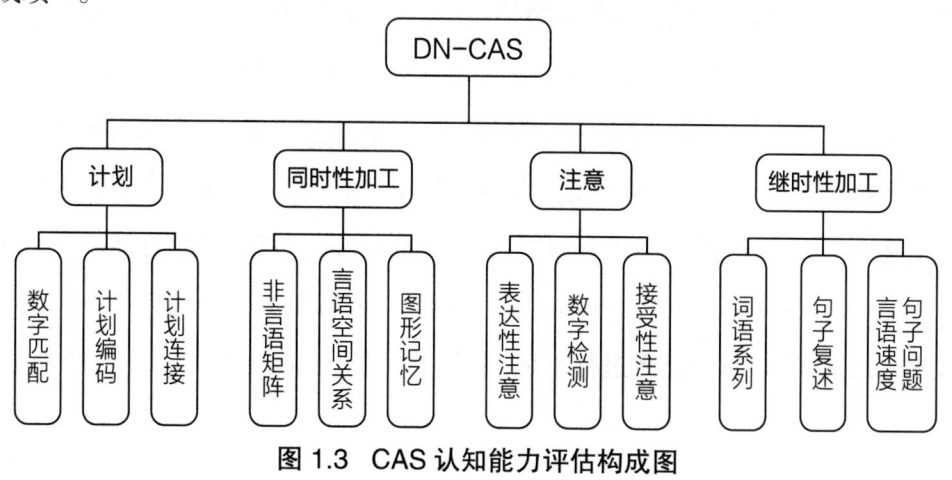

图 1.3 CAS 认知能力评估构成图

DN-CAS
- 计划：数字匹配、计划编码、计划连接
- 同时性加工：非言语矩阵、言语空间关系、图形记忆
- 注意：表达性注意、数字检测、接受性注意
- 继时性加工：词语系列、句子复述、言语速度句子问题

---

[1] 戴斯, 纳格利尔里, 柯尔比. 认知过程的评估——智力的PASS理论[M]. 杨艳云, 谭和平, 译. 上海: 华东师范大学出版社, 1999.

[2] 李长青. PASS理论及其认知评估系统（CAS）与传统智力测验的比较研究[D]. 首都师范大学, 2003.

综上所述，PASS 理论可以针对学习困难学生的认知评估提供一个新视角和多维度框架，用于理解和评估学习困难学生的认知加工过程，更深入地了解他们是如何处理信息以及认知过程中的各种因素如何相互作用。通过观察学习困难学生在不同认知任务中的表现，分析他们在注意、加工、策略选择和问题解决等方面的能力水平，从而更全面地了解学习困难学生的认知发展水平和特点。

2. 基于 PASS 理论对学习困难学生的干预

PASS 理论对学习困难学生的补救性教学还起到指导性作用。Das 等人基于 PASS 理论开发了两种促进认知加工过程的干预方案。基于 PASS 理论的 PREP（Process-Based Reading Enhancement Program）方案，通过提升阅读解码技能和改进信息加工策略，显著提高了阅读困难儿童的阅读能力。而 COGENT（Cognitive Enhancement Program）方案则针对 4～7 岁儿童，通过一系列认知发展训练，为学龄前儿童奠定读写能力的基础。

PREP 方案是一种针对存在阅读、拼写和理解困难的儿童的补救方案，目标是提升阅读解码技能，改进信息加工策略，最终提高儿童的阅读能力。它针对儿童的阅读发展特点，设置提升阅读能力的任务，每个任务包括非学业性通用成分（结构化的非阅读性任务）和与学业课程相关的关联成分（与阅读和拼写密切相关的任务）两部分，通用成分和关联成分进一步被划分为三种不同难度水平。当正确反应达到 80% 以上时，可进入下一个难度水平的任务。整个方案计划时间 12 周及以上，每周训练 1～2 次，每个课时 30～45 分钟。Das 等人通过对 112 名智力正常的阅读困难儿童进行为期一年的实验研究，发现使用 PREP 训练的 58 名儿童的单词识别和词义猜测能力（继时性加工能力）均得到很大的提高，儿童的阅读能力大大提高[1]。Lee 等人采用跨被试多基线设计，在基线期对单词阅读的 42 个项目进行测试，在干预期采用 PREP 的 8 个任务进行干预，持续两个月，每次干预 30 分钟。结果发现，

---

[1] Das J P, Rama K. An experiment on cognitive remediation of word reading difficulty[J]. Journal of learning disabilities, 1999(2): 66-79.

阅读困难儿童的继时性加工能力和同时性加工能力、单词的阅读能力均有提高[1]。在国内的干预研究中，薛靖[2]、陈瑾、赵微、刘贵雄[3]等学者在以 PREP 设计的学习困难学生的干预训练中，都取得了较好的干预效果。

COGENT 方案旨在引导儿童集中注意力、产生用以调节自己行为的内部言语或内部观念、选择信息、形成计划和策略等，包含 5 个模块，每个模块分为三种难度水平。儿童主要进行三种主要心理活动——观察、识记、思考及概念化，每个心理活动都包含了 PASS 的四个认知加工过程。该训练方案的核心思想是夯实读写能力的基础，为后期儿童阅读技巧的掌握打造金字塔结构，塔尖是娴熟的阅读技能，通过这些训练让儿童逐步发展内在语言所必需的认知结构，并促进其内部语言的发展，这有助于儿童自我行为的调节。该方案主要针对有阅读困难风险的儿童，是一种预防阅读困难发生的有效训练方案[4]。

PASS 理论不仅为学习困难学生的评估和干预提供了科学依据，还强调了应形成一个完整的评估与干预系统。通过对学习困难学生的认知过程进行深入分析和评估，教育工作者可以更准确地了解学生的认知特点和障碍，制定有针对性的教育和干预措施，实现因材施教，促进学生的全面发展。

四、CHC 理论及其在学习困难领域的应用

（一）CHC 理论的主要内容

随着认知神经科学、人工智能领域的发展，新的认知理论不断涌现。1963 年，Cattell 和 Horn 提出了流体-晶体智力理论（Gf-Gc 理论），将智力分为流体智力和晶体智力。1993 年，Carroll 在《人类认知能力：一项因素分析研究》（*Human Cognitive Abilities: A Survey of Factor-Analytic Studies*）一书中提出了认知能力的三层次理论，初步形成了 CHC 理论（Cattell-Horn-Carroll）。2000 年，McGrew 和

---

[1] Lee J J, Yeo K E, Kim J, et al. Effects of PREP training on simultaneous, successive processing function and word reading of children with reading disability[J]. The Journal of Korea Association on Developmental Disabilities, 2003, 7(2): 181-194.

[2] 薛靖. 汉语发展性阅读困难的干预研究[D]. 华东师范大学, 2014.

[3] 陈瑾, 赵微, 刘贵雄. 3~6 年级英语学困生的认知干预研究[J]. 中国特殊教育, 2014 (4): 41-47.

[4] 王晓辰. 汉语发展性阅读障碍与 PASS 认知加工[M]. 北京: 中国社会科学出版社, 2016.

Woodcock 整合了前两者的理论，在 Carroll 等人提出的理论模型基础上进一步调整和完善了 CHC 理论[1]，该理论被公认为全面描述人类认知能力的最佳层级模型。

CHC 理论整合了两种人类认知能力的公认模型：Cattell-Horn 的流体智力和晶体智力理论（Horn & Noll, 1997）以及 Carroll 的三支柱理论（Schneider & McGrew, 2012）。CHC 理论将人类的认知能力分为三个层级。第一层指约 70 个可以直接测量的"狭窄能力"。第二层为"广泛能力"，主要包括流体智力、晶体智力、数量知识、阅读和写作能力、短时记忆、视觉加工、听觉加工、长时储存和提取、加工速度以及决策/反应的时间或速度。第三层是最广泛或最一般的能力水平，涉及高层次的复杂认知加工，常用 g 因素或者一般因素来表示，包括第二层的广泛能力和第一层的狭窄能力两个部分[2]。

在 CHC 理论中，狭窄能力和广泛能力是最为核心的两个概念。其中，狭窄能力是指经过一定的练习或经验积累而形成的特定能力，它是个体完成某一具体任务所必需的能力。广泛能力是指在某一领域内操作和影响大多数行为的、个体天生具备的能力。位于第一层的狭窄能力按照一定的结构和组织方式列于第二层相应的广泛能力之中（见图 1.4）[3]。

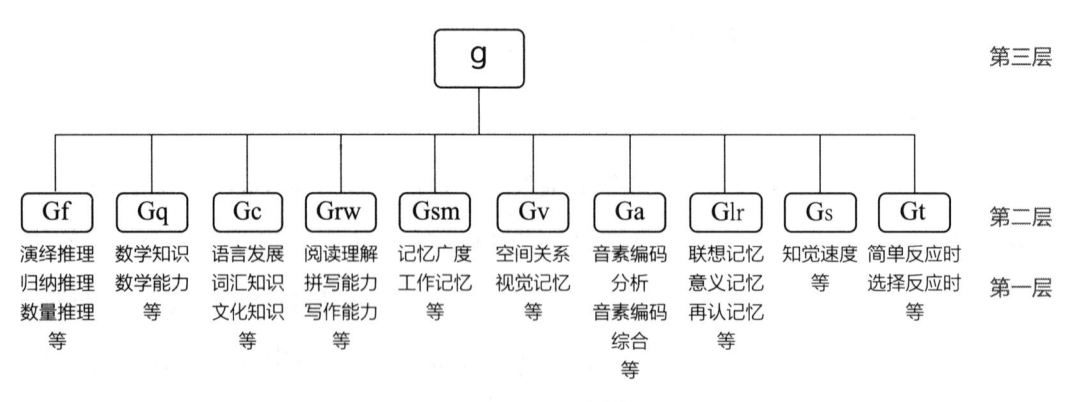

图 1.4 CHC 理论模型图

---

[1] McGrew K S, Woodcock R W. Woodcock johnson III technical manual[M]. Itasca, IL: Riverside Publishing, 2001.

[2] Passolunghi M C, Costa H M. Working memory and early numeracy training in preschool children[J]. Child Neuropsychology: A Journal on Normal & Abnormal Development in Childhood & Adolescence, 2016, 22(1): 81-98.

[3] Cormier D C, Bulut O, McGrew K S, et al. The role of Cattell-Horn-Carol (CHC) cognitive abilities in predicting writing achievement during the school-age years[J]. Psychology in the Schools, 2016, 53: 787-803.

流体智力（Fluent Intelligence, Gf）：指个体解决问题的能力，特别是与逻辑、空间关系、问题解决和推理等相关的能力。这种智力类型通常与大脑的先天结构和功能相关，并且较少受教育和经验的影响。

数量知识（Quantitative Ability, Gq）：涉及对数量、数学概念和逻辑的理解和应用，它包括基本的算术、几何和代数等。

晶体智力（Crystallized Intelligence, Gc）：通过学习和经验积累而获得的智力，通常与语言、词汇、一般信息、记忆和常识等相关，它随着时间的推移和教育的积累而增长。

阅读和写作能力（Reading/Writing Ability, Grw）：理解和表达书面语言的能力，阅读涉及解码文字、理解意义和推理，写作涉及构思、组织和表达思想。

短时记忆（Short-Term Memory, Gsm）：暂时存储和处理信息的能力，它使我们能够回忆和使用刚刚接收到的信息。短时记忆的容量有限，通常只能存储几个项目几秒钟。

视觉加工（Visual Processing, Gv）：涉及个体如何接收、解释和利用视觉信息，这包括空间关系、形状、颜色、运动等方面的识别和理解。

听觉加工（Auditory processing, Ga）：是指个体如何接收、解释和利用听觉信息，包括语音识别、音调、节奏等方面的能力。

长时储存和提取（Long-Term Storage and Retrieval, Glr）：涉及信息在大脑中的长期存储和之后的提取，包括记忆的形成、保持和回忆。

加工速度（Processing Speed, Gs）：指个体执行认知任务的速度，包括反应时间、决策速度、信息处理能力等。

决策/反应的时间或速度（Decision/Reaction Time or Speed, Gt）：指个体在面临选择或刺激时做出决策或反应的速度，涉及认知灵活性和快速处理信息的能力。

作为认知心理学的一个重要理论模型，CHC理论为心理学家和认知科学家提供了一个研究和解释人类认知过程的框架。通过对CHC理论的深入研究，人们可以更深入地了解大脑是如何处理信息的，以及不同认知能力之间是如何相互作用和影响的。该理论对当代智力测验的开发产生了重要影响，并且为认知能力研究提供了重要的理论框架和研究工具[1]。

（二）CHC理论在学习困难研究领域的应用

CHC理论被广泛应用于认知能力评估的实践以及学习障碍的教育干预中，主要应用于能力诊断和学习干预上。在CHC理论框架下进行智力评估，不仅可以获得个体一般智力的状况，也可以获得每个CHC因素（即第二层的10个广泛能力）的状况，同时还可以确定存在缺陷和不足的具体的狭窄能力水平，这为分类和诊断提供了重要的信息，使得能力的诊断更加细致和准确。以该理论为基础的认知能力评估广泛地用于包括多动症、学习困难等各种问题儿童的鉴别中。

以CHC理论为基础的认知能力评估结果既能够反映出学习困难学生的一般认知能力发展情况，又能够反映特定学习困难学生的各种具体认知能力之间是否存在差异，还可以为教学或干预提供更有针对性的方法[2]。

1. 基于CHC理论对学习困难学生评估量表的研制

CHC理论是在结合智力的理论研究和实践研究的基础上形成的描述人类认知能力概况的模型，不仅从广度上对认知能力的因素进行界定，而且从深度上描述了单个认知能力和认知能力整体之间的关系，有助于对人类认知能力形成更真实、清晰、系统和全面的认识。以CHC理论为基础的认知能力测验，首推WJ-Ⅲ智力能力测验。该测验测量了CHC理论框架下的十个广泛能力。

除此之外，CHC跨模块评估（CHC Cross-Battery Approach）也是在CHC理论框架下建立起来的评估系统。它将当代主要的智力测验结合起来，通过因素分析将每一个分测验划归到相应的广泛能力或狭窄能力下，对单个认知能力或认知能力整体进行更加全面而有效的测量，它弥补了WJ-Ⅲ所出现的构想代表性不足及无关构想的状况。

---

[1] Cormier D C, Bulut O, McGrew K S, et al. Exploring the relations between Cattell-Horn-Carroll (CHC) cognitive abilities and mathematics achievement[J]. Applied Cognitive Psychology, 2017, 31(5): 530-538.

[2] 孙英红, 佟月华. 假设检验CHC模式——特定学习障碍评估的新方法[J]. 中国特殊教育, 2013 (2): 57-63.

斯坦福－比奈量表第五版[1]也是在CHC理论框架下形成的。在修订的韦氏第四版中也增加了CHC理论中诸如加工速度的因素。CHC理论在针对数学学习困难学生的评估中也有运用，例如Fuchs等人在2005年的一项涉及数学学习困难个体认知特征的研究中，在评估被试的加工速度与推理能力时采用了WJ中的测验[2]；2008年在研究数学学习困难学生运算水平和问题解决水平与认知能力的关系时依旧采用WJ中的测验来测量概念形成、词语判别技能、加工速度等，并将评估结果与后续的干预相结合[3]。

学习困难学生是异质性较强的群体，个体差异较大，长期以来，对于学习困难学生的诊断与评估是研究者们讨论的重点，难以确定学习困难学生的实质会直接影响对他们的教育干预。通过基于CHC理论的认知能力评估，从不同的认知能力层面（第二层面），甚至在特殊能力层面（第三层面）获得多方面的信息以确定学习困难学生具体的障碍所在，为其获得鉴别和教育干预服务提供依据。

2. 基于CHC理论开展的对学习困难学生的干预

对认知能力的评估的另一个重要作用是为教育干预提供方向与依据，基于CHC理论框架下检验出的个体认知能力困难有助于对其进行系统地和有针对性地学习干预。当个体体现出认知发展上的劣势时，制订有针对性的教育和训练计划，并且在一定时间间隔后进行相应的增长性评估以确定干预的成效。这种方式可以应用于对学习困难群体有计划、有步骤的具体干预中。

先前已有许多研究针对学习困难学生的认知缺陷进行了干预，探索出了很多有效的认知干预方法。Flanagan等人利用CHC理论评估学习困难学生，并开发了假

---

[1] Roid G, Nellis L, McLellan M. Assessment with the Leiter international performance scale—revised and the S-BIT[J]. Handbook of nonverbal assessment, 2003: 113-140.

[2] Fuchs L S, Compton D L, Fuchs D, et al. The prevention, identification, and cognitive determinants of math difficulty[J]. Journal of educational psychology, 2005, 97(3): 493.

[3] 赵微, 田创. CHC理论及其在学习困难学生评估与教育干预中的应用[J]. 中国特殊教育, 2008, 95(5): 47-52.

设 – 检验 CHC 方法（HT-CHC）来响应 RTI 的服务模式下对学困生的识别及干预[1]。面对数学学习困难学生，2017 年郝嘉佳、陈英和等人对初一年级学生进行研究，发现工作记忆、类比推理、元认知均正面影响数学学业成绩，学生元认知的提升可以提高学业成绩；黄燕（2017）采用综合认知干预方法，从感知觉、注意力、记忆力、观察力、想象力和思维能力六个方面出发，结合一年级数学教材中的相关内容设计了 45 个课程活动，对小学一年级五个班的学生进行认知能力的干预，干预后实验组组员的认知能力和数学成绩得到了显著的提升。

综上所述，CHC 理论为我们深入剖析学习困难学生的认知发展特性与能力层级提供了重要依据，进而有助于我们精准识别他们的个体差异。这一分析过程对于制定个性化的学习方案与干预措施具有不可或缺的价值。通过深刻理解和有效应用 CHC 理论，我们能够更精准地把握个体在智力方面的差异与需求，进而全面促进学生的成长与发展。同时，该理论在对学习困难学生进行认知能力干预方面也发挥着至关重要的作用，它提供了具体而紧密的内容指导，有助于提升学生的认知能力、学习能力及学业成果。

在实际应用中，CHC 理论着重强调认知策略与教学的紧密结合，学习材料与学生的认知结构相契合，以此强化学生的学习体验与动机。这为教育工作者，特别是教师，提供了一套系统的理论框架，用于设计并实施针对学习困难学生的教学干预策略。在 CHC 理论的指导下，教师可以更为精准地制订教学计划，选择教学方法，并评估学生的学习成果。这不仅有助于提升学习困难学生的学习成效，还能够优化教师的教学质量。

CHC 理论在对学习困难学生开展认知干预领域具有重要的理论与实践价值。它不仅深化了我们对学习困难学生的理解，还为我们设计并实施高效的干预策略提供了坚实的理论支撑。在未来的教育工作中，我们应充分发挥 CHC 理论的指导作用，为学习困难学生提供更加优质的教育服务。

---

[1] Flanagan D P, Fiorello C A, Ortiz S O. Enhancing practice through application of Cattell-Horn-Carroll theory and research: A"third method" approach to specific learning disability identification[J]. Psychology in the Schools, 2010, 47(7): 739-760.

五、四种理论对学习困难认知能力改善的启示

在探讨认知理论与学习困难的关系时，皮亚杰认知发展理论、信息加工理论、PASS 理论和 CHC 理论都提供了不同的视角和方法（见表 1.2）。

表 1.2　四种基础理论对学习困难认知能力改善的侧重及应用

理论	核心观点	在学习困难领域的应用	侧重点
皮亚杰认知发展理论	认知发展经历感知运动、前运算、具体运算和形式运算四个阶段	通过识别学生所处的发展阶段，教育者可以设计适宜的教学策略，促进学生认知能力的发展	强调认知发展的阶段性和适应性
信息加工理论	学习是信息的输入、加工、存储和提取过程	通过分析学习困难学生在信息加工过程中的障碍，教育者可以提供有针对性的干预，进而改善其认知能力	强调认知过程的效率，可以通过认知能力干预提高信息加工能力
PASS 理论	智力由计划、注意、同时性加工和继时性加工四个认知加工过程组成	通过评估学生在认知能力各维度上的表现，教育者可以识别其特定认知弱点，并提供相应的训练	强调智力的动态性，以及通过训练提升特定认知能力
CHC 理论	认知能力分为多个层次，包括狭窄能力和广泛能力，如流体智力、晶体智力等	通过细致的评估，教育者可以确定学习困难学生的特定认知缺陷，并设计个性化的干预计划	强调认知能力的多样性和层次性，以及通过综合评估来指导教育干预

（一）强调精准评估的重要性

在提升学习困难学生的学业表现方面，精准的评估与干预扮演着至关重要的角色。这些理论普遍强调，准确识别学习困难，评估是关键步骤。通过精细化的评估与干预，我们能够有效地帮助学生克服学习障碍，实现学业上的显著提升。这些理论进一步指出，深入理解学生的认知需求，设计与之相匹配的教学方法，并通过持续的评估确保干预措施的有效性，是实现个性化教学和促进每个学生全面发展的关键路径。

（二）阐释认知过程的多维度

认知能力理论为我们提供了一个多角度、深入理解认知过程的框架。在这个框架中，信息加工理论、PASS 理论以及 CHC 理论占据了重要的位置。这些理论特别强调了认知过程的复杂性，指出认知不仅仅是对信息的简单接收，还包括对信息的处理、存储以及应用等多个环节的复杂过程。

信息加工理论将认知过程比作是信息的加工厂，从信息的接收、处理、存储到输出，每一个环节都是不可或缺的。PASS 理论则从认知过程的三个基本成分——注意、记忆和思维出发，深入剖析了认知活动的内在机制。CHC 理论则进一步将认知过程划分为认知控制和认知操作两个层面，为我们理解认知过程提供了更为细致的视角。

这些理论的价值不仅在于它们帮助我们深入剖析认知过程，更在于它们为我们理解和解决学习困难提供了有力的工具。在这些理论详尽且实用的指导下，我们可以更好地理解学习困难学生在认知加工过程中的障碍，从而更有针对性地帮助他们克服困难，提高他们的学习效果。

（三）为有针对性的教育实践提供指导

以上理论为教育实践提供了坚实且系统的指导框架，教育者能够依据这些框架，精心设计出既科学又符合学生发展规律的教学策略。皮亚杰的认知发展理论和 PASS 理论均深刻阐述了认知发展的阶段性特点。此外，信息加工理论、PASS 理论和 CHC 理论都倡导教育者应当深入了解每个学生的个体差异，以制定出更具针对性的教学策略。

这些理论认为，每个学生都拥有自己独特的认知风格和优势领域，教育者应当充分考虑到这些因素，为学生量身定制教学方案，以更好地满足他们的学习需求。通过实施个性化教学策略，教育者不仅能够激发学生的学习兴趣，还能够有效提升学生的学习效果。通过理解认知能力的不同方面，教育者可以更有效地支持学习困难学生，促进其认知能力的提升。

不论是从研究角度还是从实践角度，CHC 理论都是当今认知能力评估与干预的重要理论基础，以及在学习困难认知能力改善上的指标选择的重要依据。CHC

理论将认知心理学的研究成果与教育实践紧密结合，为教育者提供了一套理论与实践相结合的工具，以便更有效地支持学习困难学生，它也是本书的实践研究部分的重要理论基础。

第三节 认知能力对学业发展的影响机制

学习活动是一个复杂的信息加工过程，这个过程要求机体的各个系统达到较好的统合程度。感知觉、注意力、工作记忆和长时间记忆等认知能力与学业之间都存在紧密的联系，它们相互作用，共同影响着学生的学业表现。

教育研究者和实践者必须认识到认知能力与学业成就之间的密切联系。通过深入分析这些能力如何影响学习过程，我们可以为学习困难的学生提供更为精准的指导和支持。这种研究不仅促进了对学习过程的全面理解，也为教师设计个性化教学方法和干预策略提供了科学依据，从而帮助学生克服学习障碍，实现学业上的成功。

探讨、理解认知能力与学业发展的关系，对于优化教育实践、提升教学质量具有重要的指导意义。通过对两者关系的梳理，能够有助于更好地理解学习过程，也有助于教师采取相应的教学方法和干预措施，帮助学生发展和提升认知能力，实现学业潜力的最大化。

一、感知觉对学业发展的影响机制

感觉是人脑对直接作用于感觉器官的客观事物的个别属性的反应，而知觉则是人脑对直接作用感觉器官的客观事物的整体属性的反应[1]。感觉和知觉都是认知的初级形式，反映的是客观事物的外部特征和联系。

（一）感知觉与感觉统合

感知觉是人脑对当前影响感觉器官的客观事物的反应，包括视觉、听觉、嗅觉、味觉和触觉信息，如事物的形状和颜色、声音、气味、味道等。

---

[1] 王丕. 论冯特心理活动的"二分法"[J]. 心理学报, 1981 (1): 16-20.

感知觉按层次可分为两类：一般感知觉和综合感知觉。一般感知觉也称为单纯感知觉，可分为视觉感知觉、听觉感知觉、嗅觉感知觉、味觉感知觉、皮肤感知觉五种。综合感知觉又称复杂感知觉，是需要多个分析器同时参与活动的，感知觉的对象和内容也较复杂[1]。感觉和知觉发育的统合就叫感觉统合，是指经过一系列的辨别、整理和分析使人体做出相对应的正确应答的过程，即接收信息、处理信息、及时反应的三个阶段。

感知觉的整合，即感觉统合，是学习过程中不可或缺的一环。它涉及大脑对不同感觉输入的协调和组织，使得个体能够对环境做出适应性反应。它包括对感觉信息的选择、解释、连接和统一，是个人日常生活、学习和工作的基础。感觉统合的能力直接影响到个体对信息的接收、处理和理解，进而对学业表现产生深远的影响[2]。

（二）感知觉与学业发展的关系

学习活动是一个复杂的神经认知过程，涉及多个神经系统的协调配合。这一过程要求个体的感觉统合能力达到高效运作，以确保信息的准确接收和处理。感觉统合能力的不足可能导致儿童在注意力集中、信息判断等方面出现问题，进而影响学业表现[3]。

最早注意到感觉能力对儿童发展的重要性的学者是意大利的幼儿教育学家蒙台梭利。蒙台梭利提出，感官训练既可帮助儿童为将来的实际生活做准备，又是儿童接受知识和发展智力的基础；对儿童进行感官教育，不仅能促进儿童的智力发展，儿童的个性也会在这个过程中得到改变。蒙台梭利提倡的蒙氏教学法就特别强调感官教育的重要性，她提出，"吸引儿童注意的不是儿童本身对事物的思维，而是事情给予的刺激"，"智能的培养首先依靠感觉，感觉练习是初步的基本的智力活动。通过感觉的练习，儿童能辨认、分类、排列顺序，这就是智能和文化学习"[4]。

Maravita 的研究揭示了身体、工具和外部物体之间存在互动，通过工具的使用、

---

[1] Ayres A J. Disabilities, learning disabilities and the vestibular system[J].Learning, 1978, 11: 30-41.
[2] 姚本先. 儿童发展与教育心理学[M]. 合肥: 安徽大学出版社, 2002.
[3] 朱小玲. 小学生感觉统合调查分析[J]. 江西医药, 2010(1): 85.
[4] 佚名. 蒙台梭利感官教育前言[EB/OL]. 百度文库, 2020-01-23[2024-12-30]. https://wenku.baidu.com/view/0fe289c652e2524de518964bcf84b9d529ea2c49.html

延伸和扩展，身体能够获得更多的感知和动作能力，并与环境进行更紧密的互动，逐渐适应环境。这需要多种感官的整合[1]。这表明，工具的使用和学习过程中的多感官整合对儿童学习具有重要影响。

Parham通过追踪研究发现，6～8岁的儿童感觉统合能力与同期学业成就存在显著相关性，并且可以预测之后的学习成就。相对地，10～12岁儿童的感觉统合能力与同期学业成就之间的相关性不显著。这一研究表明中低年龄段可能是儿童感觉统合能力与学业成就的关系最密切的时期[2]。

（三）感觉统合障碍与学习困难

感觉统合困难影响个体对感官输入的协调和处理能力。在学生群体中可能导致学习过程中的显著困难。具体而言，会影响学习过程中的注意力、记忆、信息处理等其他认知能力的发展[3]。

在认知发展的过程中，儿童首先通过感官器官接收信息，该信息由左脑进行初步处理，随后在右脑中逐渐构建起概念和判断体系。这一过程对于认知结构的建立至关重要。然而，对于学习困难的儿童来说，其感觉统合能力往往较同龄人更为脆弱，这不仅影响了他们对感官信息的整合，也影响了认知结构的形成和发展[4]。

我国学者的多项研究也证实了小学生的感觉统合能力与其学业发展有着密切的关系。魏桥博等人的研究发现，感觉统合能力与一至三年级小学生的学业成就显著相关。感觉统合能力各维度（平衡能力、触觉敏感度、本体感、学习能力、特殊活动）与小学生的数学成绩密切相关，本体感和学习能力两个维度与语文成绩显著相关[5]。杨志武等人的研究也显示，小学生学习成绩的评定与感觉统合能力存在对应关系，学习困难组儿童存在着感统失调，感统失调与学习成绩密切相关。

---

[1] Maravita A, Romano D. The parietal lobe and tool use[J]. Handbook of clinical neurology, 2018, 151: 481-498.

[2] Parham L D. The relationship of sensory integrative development to achievement in elementary students:Four-year longitudinal patterns[J]. The occupational therapy journal of research, 1998(3): 105-127.

[3] 曹秀菁, 陶芳标, 张洪波, 等. 儿童感觉统合失调及其影响因素分析[J]. 中国公共卫生, 2004(4): 85-86.

[4] 靳彦琴, 姚梅玲, 段桂琴, 等. 学习困难学生的相关影响因素分析[J]. 医药论坛杂志, 2015, 36(3): 43-44.

[5] 魏桥博, 金伟佳, 周珲. 感觉统合能力对一至三年级小学生学业成就的影响研究[J]. 教育观察, 2022, 11(11): 15-19+23.

以上研究结果证实了感觉统合能力对儿童学业发展和认知能力发展的关键作用，强调早期干预的重要性，也提示了教育者和家长应当重视儿童早期的感觉统合和感知觉训练，以促进其学业和认知能力的发展。

在小学教育阶段，学生的思维模式正处于由具体形象思维向抽象逻辑思维的转型期。在此过程中，多种感觉器官的协调运作对于信息的获取至关重要。视觉、听觉、嗅觉、味觉和触觉等感官系统在学习过程中扮演着不可或缺的角色。因此，对小学低年级学生进行有针对性的感觉统合训练，对于提升他们的学业表现具有显著的促进作用。

二、注意对学业发展的影响机制

注意是心理活动对一定对象的指向或集中，是所有心理活动和心理过程的首要环节，是进行高级心理过程的前提条件。作为一种普遍属性，注意力并非是独立的心理过程，而是所有心理活动顺利进行的必备条件。

（一）注意和注意力品质

注意作为调节与控制个体心理活动的重要机制，它受到认知心理学界的高度重视[1]。俄罗斯著名教育家心理学家乌申斯基形象地把注意比作我们人类认识世界的"窗户"，注意几乎参与了人们所有简单的和复杂的心理活动，如知觉、思维、记忆、意志、情绪等[2]。

注意力品质是衡量个体注意力好坏的重要标志[3]，人们通常把注意力品质作为评价注意力好坏的重要标准。注意力品质通常包括注意的广度、注意的稳定性、注意的转移和注意的分配四个方面。

1. 注意的广度

注意的广度指的是个体在同一时间内能够清晰把握的注意对象的数量。正常情

---

[1] 王称丽, 贺雯, 莫琼琼. 7~15岁学生注意力发展特点及其与学业成绩的关系[J]. 上海教育科研, 2012, (12): 51-54.

[2] 司琪. 小学生注意力品质现状调查与提升训练[D]. 重庆师范大学, 2016.

[3] 刘碧薇. 正念训练对小学生注意力品质的影响[D]. 鲁东大学, 2022.

况下，人们在短时间内可以感知到 7±2 个注意对象[1]，且注意广度随着年龄的增长而不断增长。对于小学生而言，首先，注意的广度决定了小学生在课堂上能够接收和处理的信息量，注意广度受限可能导致他们在阅读或写作业时无法快速且全面地获取信息，进而影响学习效率。例如，阅读速度慢或审题不全面等问题，都可能与注意广度不足有关。其次，注意的广度也关系到小学生学习方法的形成，如果他们的注意广度较大，他们可能更倾向于采用整体性、综合性的学习方法，能够更好地把握知识的整体框架和内在联系。而注意广度小的学生可能更倾向于采用局部性、分散性的学习方法，难以形成系统的知识体系。

2. 注意的稳定性

注意的稳定性是指个体在一段时间内保持对某一事物或活动的注意的能力。已有研究发现，注意稳定性直接关系到小学生学习时的专注度和持久性。在课堂上，小学生需要长时间集中注意力来听讲、理解和记忆知识。如果他们的注意稳定性好，就能够长时间保持对课堂内容的关注，不易分心。这样，他们就能更全面地理解和吸收教师讲解的知识点，为后续的学业发展打下坚实的基础。同时，注意稳定性也会影响小学生的学习效率和学习质量，学习是一个需要持续投入注意力和精力的过程，注意稳定性好的小学生能够更长时间地保持高效的学习状态。他们在阅读、写作业或进行其他学习任务时，能够更快地进入状态，更深入地思考问题，从而提高学习效率和学习质量。

3. 注意的转移

注意的转移是指个体根据新的任务，主动地把注意从一个对象转移到另一个对象上的能力[2]。例如，讲故事的活动结束，接下来要进行唱歌，那么学生能够根据新任务，将注意力从讲故事的活动转移到唱歌的活动上去。对于小学生来说，注意的转移能力有助于他们适应多任务学习环境。在学校中，小学生经常需要从一个任务切换到另一个任务，比如从数学课转到语文课，或者从听课转为写作业。这时，如果小学生能够灵活地进行注意的转移，就能更快地适应新的任务要求，避免因注

---

[1] 杜建刚, 李丹惠, 李晓楠. 消费者注意研究综述与展望[J]. 外国经济与管理, 2019, 41(1): 114-126.
[2] 王称丽. 中小学生注意力发展及培养研究[D]. 上海师范大学, 2011.

意力转换困难而影响学习效率。除此之外，注意的转移也能提升小学生思维的灵活性和创造力。当小学生能够将注意力从一个对象或活动转移到另一个对象或活动上时，他们的思维也会变得更加灵活和开放。这种灵活性有助于他们在学习中发现新的问题、提出新的观点，培养创造力。再者，注意的转移还有助于小学生培养自我控制和调节能力。在学习过程中，小学生需要根据任务的需求和自身的情况，主动调整注意力的分配和转移。这种自我控制和调节能力的培养，有助于他们应对学习上的挑战，适应社会和生活中的各种变化。然而，注意的转移并不是随意或无序的。小学生需要在教师的指导下，学会如何根据任务的需求和自身情况，有目的、有计划地进行注意的转移。

4. 注意的分配

注意的分配是指个体在同一时间内，把注意指向不同的对象，同时从事几种不同活动的现象[1]。例如，一些人可以边打电话边骑自行车；大人可以边织毛衣边看电视。只有当个体所从事的活动中至少有一个属于自动化程度，个体才可以同时从事不同的活动。对于小学生而言，注意的分配有助于他们同时处理多项任务，提高学习效率。在学习过程中，小学生常常需要同时处理不同的学习任务，如听讲、记笔记、思考问题等。如果小学生能够合理分配自己的注意力，就能在同一时间内完成多项任务，从而避免因为频繁切换任务而浪费时间和精力，这种能力的培养不仅有助于提高学习效率，还有助于他们适应未来更加复杂多变的学习环境。与注意的转移一样，注意的分配也有助于小学生培养多任务处理能力，提升综合素质。

最后，注意的分配还有助于小学生形成全面、系统的学习视野。通过同时注意多个学习任务或知识点，小学生能够更全面地理解知识，发现知识之间的联系，从而建立起完整的知识体系。这种全面、系统的学习视野有助于小学生更好地掌握和应用所学知识，提高他们的学习效果和学业成绩。然而，小学生由于经验不足和神经系统发育的限制，可能在分配注意力时遇到困难，需要教师的引导和帮助。

---

[1] 贺子菡. 基于生物反馈技术的小学高年级学生的注意力干预研究[D]. 湖南师范大学, 2015.

（二）注意力与学业发展的关系

国内外众多的研究都证实了注意和注意力品质与学习成绩之间存在着相关关系。Rabiner 的研究表明，低年级学生的注意问题与多个学科的成绩显著相关[1]。Shah 等人的研究进一步发现学生的注意水平直接影响着他们的学习成绩，注意水平高的学生的学习成绩普遍较高，而随着注意水平的降低，他们的学业成绩也会降低，中等注意水平的学生的学业成绩达到平均水平[2]。Swanson 通过连续执行测试（Continuous Performance Test，简称 CPT）发现，学业成绩较差的儿童在错误率和疏漏率上都较高，这表明他们的注意力可能较弱[3]。

在注意力品质与学业成绩的关系方面，陈梦阳等人针对小学中高年级学生进行了深入的研究，结果显示学生的注意稳定性、注意广度、注意分配、注意转移以及注意总分与学业成绩之间存在显著的正相关关系[4]。特别值得注意的是，优等生的各项注意水平得分显著高于差等生，这进一步印证了注意力品质对学业成绩的重要影响。丁锦宏等人的研究发现注意力与学习成绩有较大的相关性，注意广度、注意稳定性与英语、语文学习成绩关系密切，而注意广度、注意稳定性、注意转移对数学成绩有较大的影响[5]。

研究者们还对注意稳定性这一关键要素进行了具体的探讨。通过对比小学低年级学生中学业优良者和学业不良者的有意注意稳定性，他们发现两者之间存在显著差异[6]。这一差异进一步体现在学业成绩上，即注意稳定性高的学生的学业成绩往往更好，从而确认了注意稳定性与学业成绩之间的相关关系。当研究对象扩展到小

---

[1] Rabiner D L, Carrig M M, Dodge K A. Attention problems and academic achievement: Do persistent and earlier-emerging problems have more adverse long-term effects?[J].Journal of Attention Disorders, 2013, 20(11): 946.

[2] Shah S M H, Saleem S. Level of attention of secondary school students and its relationship with their academic achievement[J]. Journal of Arts and Humanities, 2015, 4(5): 92-106.

[3] Swanson L. Vigilance deficit in learning disabled children: A signal detection analysis[J]. Journal of Child Psychology and Psychiatry, 1981, 22(4): 393-399.

[4] 陈梦阳, 卢家楣. 小学生注意品质与学业成绩的相关研究[C]// 中国心理学会. 心理学与创新能力提升——第十六届全国心理学学术会议论文集2013. [出版者不详], 2013: 1615-1616.

[5] 丁锦宏, 潘发达, 王玉娟, 等. 9~13 岁小学生注意力对学业成绩的影响[J]. 交通医学, 2012, 26(6): 569-572+579.

[6] 凌光明. 小学低年级学业不良儿童的有意注意稳定性研究[D]. 苏州大学, 2001.

学中高年级学生时，研究结果依然与上述发现保持一致。学业成绩与注意稳定性之间存在显著的线性关系，表明注意稳定性是影响学生学业成绩的关键因素之一。

（三）注意障碍与学习困难

注意力同感觉统合能力一样，在儿童学习过程中起着十分重要的作用。一项关于学习困难儿童的感觉统合与注意缺陷的调查发现：重度学习困难儿童的注意力往往严重涣散并伴有明显感觉统合失调，这会导致自控能力弱，学习专注度低[1]。刘卿、杨凤池等人的研究进一步指出，复合学习困难儿童存在注意分配能力上的缺陷，并且其注意广度较普通儿童有偏低的倾向[2]。此外，程玉兰、崔颖薇、吴汉荣对学习困难儿童心理特征的研究发现，智力障碍和注意缺陷多动障碍对儿童学习上的影响不可忽视[3]。

随着研究的不断深入，注意力在中小学生教育教学活动中的重要性日益凸显，其与学习活动的紧密关系更是不容忽视。作为心理活动的重要构成，注意力始终贯穿于学生的学习过程中，并直接影响着学习活动的效率与成果。当学生的注意力集中时，大脑皮层中的特定区域会形成优势兴奋中心，而其他区域则相对处于抑制状态[4]。这种状态下，学生能够及时、清晰地感知、理解和记忆注意对象，从而确保学习信息的有效传递和处理。然而，分心作为注意力的对立面，表现为注意力的不集中。在该状态下，大脑皮层中可能出现多个兴奋中心，这些中心之间的相互干扰会严重影响学习过程。学生在这种状态下往往难以有效地吸收和处理新的信息，学习效果大打折扣。

在学校教育中，小学低年级学生很容易被外界的干扰所影响，这种心智游移的现象使其无法集中于课堂内容，甚至严重降低学习效率。久而久之，不仅学业受影响，更可能养成散漫、不专注的学习习惯。学龄儿童正处于人生学习的黄金时期，

---

[1] 郭建华, 王启坤, 马晓丽. 学习困难儿童感觉统合失调及注意力缺陷测查[J]. 中国心理卫生杂志, 1999(6): 360.

[2] 刘卿, 杨凤池, 张曼华, 等. 学习困难儿童的注意力品质初探[J]. 中国心理卫生杂志, 1999, 13(4): 220-221.

[3] 程玉兰, 崔颖薇, 吴汉荣. 学习困难儿童心理特征的研究[J]. 中国心理卫生杂志, 1999, 13(4): 215-217.

[4] 肖丽. 数学教学中的"注意"浅议[J]. 数学大世界(教学导向), 2012(5): 27.

他们的大脑正在快速发育，对于新知识的接受能力和学习能力都非常强。因此，通过减少干扰、制订合理的学习计划、采用科学的学习方法等手段，可以有效地提高他们注意力的集中程度，进而提升学习效率和成果。

三、工作记忆对学业发展的影响机制

（一）工作记忆

工作记忆（working memory）是在短时记忆的基础上发展而来的一种对信息进行暂时加工和贮存的、能量有限的记忆系统[1]，是一个位于知觉、记忆与计划交界面上的重要系统，能为个体的复杂认知任务（如推理、思维、问题解决、学习理解等）提供了暂时存储空间和信息加工平台[2]，它能够保存被激活的信息表征以便用于进一步的加工[3]。

大量研究已经证明，工作记忆系统在学习、运算、推理、语言理解等复杂的认知活动中起关键作用，对复杂认知操作具有很好的预测性[4]，与智力、推理、学习、创造力等复杂认知任务之间存在一定程度的相关性。Tracy等人的研究发现，将工作记忆与智力结合在一起，能更好地预测个体的读写能力。吴卫国和苏彦捷的研究发现，工作记忆比智商能更好地预测儿童六年以后的学业成就[5]。赵鑫和周仁来提出通过对工作记忆进行训练，个体的阅读能力、智力水平等会得到提升，甚至可以改变大脑的活动[6]。

---

[1] Baddeley A D. Working memory[J]. Science, 1992, 255: 556-559.

[2] 王晓丽, 祁涓, 孙志凤. 2~4年级儿童工作记忆发展对英语和语文学业成就的影响[J]. 心理研究, 2014, 7(4): 26-33.

[3] 师海宁. N-back工作记忆训练与对比敏感度的相关性研究[D]. 浙江工业大学, 2013.

[4] Anderson J R, Reder L M, Lebiere C. Working memory: Activation limits on retrieval[J]. Cognitive Psychology, 1996, 30: 221-256.

[5] 吴卫国, 苏彦捷. 6~12岁小学生数字记忆广度的发展[J]. 宁波大学学报(教育科学版), 2008(4): 62-67+132.

[6] 赵鑫, 周仁来. 工作记忆刷新功能的可塑性[J]. 心理科学进展, 2014, 22(10): 1521-1531.

（二）工作记忆及各成分与学业发展的关系

近年来，对工作记忆模型及其成分在学业成就中的作用的研究日益受到学者们的关注。这一领域的研究不仅深化了我们对工作记忆本身的理解，还揭示了其在不同年龄阶段复杂的认知活动中的关键作用。

Baddeley 和 Hitch 提出的工作记忆模型，包括中央执行系统、语音环路和视觉空间模板三个部分，为这一领域的研究提供了坚实的理论基础。

首先，大脑的中央执行系统作为工作记忆的核心，它负责接收来自不同感觉通道的信息，并将其整合在一起进行处理。对于小学生来说，这种整合能力对于理解复杂的学习任务和提高学习效率至关重要。例如，在阅读理解时，中央执行系统会将文章中的关键信息进行整合和分析，让学生理解文章的主旨和细节。在数学计算时，中央执行系统会记住计算过程中的中间结果，并进行正确的推导和计算。研究发现，学生的中央执行系统功能的强弱与其数学成绩和阅读理解能力显著相关。那些中央执行系统功能较强的学生，在解决复杂数学问题和理解复杂文本时，能够更有效地组织思维，从而获得较好的学业成绩。此外，中央执行系统还具有工作记忆和执行控制的功能。它能够暂时存储和处理当前任务的相关信息，同时抑制无关信息的干扰，能够让学生更好地集中注意力，避免分心，从而提高学习效率和学习成绩。

其次，语音环路在处理与语言相关的信息时发挥着关键作用，能帮助小学生有效地存储和处理语音信息。当学生在学习过程中接触新的知识，尤其是与语言相关的内容时，语音环路能够捕捉并保留这些信息，使学生能够在需要时回忆和使用。这对于语言学习、阅读理解、听力理解以及口语表达等方面都至关重要。有研究显示，语音环路的功能与学生的语文成绩和口语表达能力密切相关[1]。通过语音环路的训练，如朗读、复述等，可以提高学生的语言处理能力，进而提升他们在语文学习和口语表达方面的成绩。

视觉空间模板在处理与视觉和空间相关的信息时具有重要作用。有研究表明，

---

[1] Swanson H L, Sachse-Lee C. A subgroup analysis of working memory in children with reading disabilities: Domain-general or domain-specific deficiency[J].Journal of Learning Disabilites, 2001, 34: 249-263.

在 9 岁之前，孩子的识记主要依赖视觉图像信息[1]，这一发现强调了视觉空间模板在幼儿识记过程中的重要性。张明等人通过控制干扰刺激量来研究分散注意对学优生和学困生的视觉空间工作记忆的影响，实验结果表明，视觉空间工作记忆能力更强的学生，加工功能更强，学习成绩也更好[2]。针对小学低年级学生的研究发现，视觉空间模板功能较强的学生，视觉空间工作记忆可以显著地预测数学成绩[3]，但是随着学生年龄的增长，视觉空间模板和数学能力之间的关系会显著变弱。

除了以上三个主要成分，工作记忆还包含其他辅助成分，如情景缓冲器等，它们也在一定程度上影响着学业成绩。例如，情景缓冲器负责整合来自不同来源的信息，形成完整的认知表征。

这些实证研究不仅揭示了工作记忆中各成分对学业成绩的影响，还为个性化教育提供了依据，使我们能够根据学生的特点进行有针对性的教育干预。通过理解工作记忆的复杂性及其在学业发展中的作用，教育者可以更有效地设计教学策略，促进学生的认知发展和提升学业成就。

（三）工作记忆障碍与学习困难

工作记忆障碍已被证实与学习困难紧密相关。研究表明，工作记忆的缺陷可能导致多方面的学习问题。如 Sluis 等人的研究发现，在阅读和算术方面有学习障碍的儿童的工作记忆存在损害[4]。周韦华、罗学荣和胡少华的研究进一步指出，阅读困难的儿童在短时记忆，尤其是在工作记忆方面遭受了全面的损害[5]。李美华、沈德立在研究不同学业成绩类型学生的工作记忆时发现，工作记忆的广度与学业

---

[1] 苏振江. 正常儿童与视障儿童工作记忆的比较实验研究[D]. 陕西师范大学, 2000.

[2] 张明, 隋洁. 分散注意条件下学优生与学困生视觉空间工作记忆的比较研究[J]. 应用心理学, 2003 (1): 29-34.

[3] De Smedt B, Janssen R, Bouwens K, et al. Working memory and individual differences in mathematics achievement: A longitudinal study from first grade to second grade[J]. Journal of Experimental Child Psychology, 2009(103): 186-201.

[4] Sluis S, Leij A, Peter F. Working memory in Dutch children with reading- and arithmetic-related LD[J]. Journal of Learning Disabilities, 2005, 38(3): 206-213.

[5] 周韦华, 罗学荣, 胡少华. 阅读困难儿童记忆与学习的关系研究[J]. 浙江医学, 2006, 28(4): 246-249.

成绩密切相关[1]。

此外，一些学者在研究工作记忆各成分时发现，学习困难的儿童在语言工作记忆能力上表现出不足，这影响了他们理解和运用语言的能力，是语文学习困难的一个重要原因。同样，中央执行系统功能在学困生中也表现出明显的不足，学困生在解决复杂问题时，往往难以有效地组织思维，制订和执行计划，这种中央执行系统功能的缺陷影响了他们的学习效率和成绩[2]。

Gathercole 和 Pickering 在 2000 年的研究发现，视觉空间工作记忆能力和中央执行系统功能与六七岁学生的学业成绩之间存在明显的相关性，学业成绩不佳的学生在视觉空间工作记忆上表现出明显的缺陷[3]。

这些发现为我们理解学习困难学生的认知特征提供了新的视角。虽然不同类型的工作记忆在不同学科中的作用可能各异，但视觉空间工作记忆能力对整体学业成绩的影响不容忽视。因此，针对工作记忆的干预和训练对提高学习困难学生的学业成绩具有重要意义。

四、长时记忆对学业发展的影响机制

（一）长时记忆

长时记忆是个体能够长期存储并在需要时成功提取的信息，这种存储时间通常超过 1 分钟[4]。它的形成主要有两种方式：一是通过工作记忆的反复强化，将信息逐渐巩固并转化为长时记忆；二是由于某些信息给人留下的印象极其深刻，从而在一次经历后就直接形成了长时记忆。这种记忆的特点在于其容量几乎无限制，能够存储大量的信息。长时记忆的这种无容量限制的特性，使得个体能够积累并保留丰

---

[1] 李美华, 沈德立. 不同学业成绩类型学生的工作记忆研究[J]. 中国健康心理学杂志, 2007, 15(5): 402-404.

[2] 程灶火, 龚耀先. 学习障碍儿童记忆的比较研究 II. 学习障碍儿童的长时记忆功能[J]. 中国临床心理学杂志, 1998(4): 26-31.

[3] Gathercole S E, Pickering S J. Assessment of working memory in six- and seven-year old children[J]. Journal of Educational Psychology, 2000, 92: 377-390.

[4] Brady T F, Konkle T, Alvarez G A. A review of visual memory capacity: Beyond individual items and toward structured representations[J]. Journal of Vision, 2011, 11(5): 44.

富的经验和知识，为日后的学习和生活提供重要的信息支持。

长时记忆对于学生的学业发展具有至关重要的作用。

首先，长时记忆为学生提供了丰富的知识储备。研究表明，长时记忆的发展与学业成绩呈正相关关系，尤其是在语文、英语等识记、理解类知识较多的学科中表现得更为明显。这是因为长时记忆能够帮助学生将学习过的知识信息进行长期的存储和整合，形成稳定的知识结构，为后续的学习和思考提供坚实的基础。

其次，长时记忆影响学生的学习效率和思维能力。与短时记忆相比，长时记忆在学业成绩上的影响更为显著。这是因为长时记忆能够帮助学生快速提取和应用过去的知识和经验，减少信息加工的时间和精力消耗，提高学习效率。同时，长时记忆中的知识信息可以不断刺激大脑及神经突触，促进大脑神经网络的拓展和丰富，从而提高学生的思维能力和解决问题的能力。

最后，长时记忆的个体差异也会影响学业发展。研究表明，不同学生之间的长时记忆能力存在差异，而这种差异与学业成绩有着密切的关系。例如，女生的长时记忆能力普遍优于男生，这可能导致女生在某些学科上的表现更为出色。此外，学业成绩好的学生往往拥有更强的长时记忆能力，他们能够更有效地利用长时记忆中的知识信息来支持学习和思考。

（二）长时记忆与学业发展的关系

长时记忆提取能力是指从长时记忆系统中提取相关信息的能力[1]，此能力是高阶认知能力的重要组成部分，在认知任务中具有不可替代的作用。研究者普遍认为，遗忘现象实质上是源于提取失败，而非信息的消失。信息一旦进入长时记忆系统，原则上不会消失，但记忆痕迹可能随时间衰减。因此，提升学生的长时记忆提取能力，不仅有助于他们更牢固地掌握知识，还能提高认知处理速度、记忆效率及认知策略的应用能力。

在儿童的学业发展中，长时记忆的提取能力不仅是其学习能力的基础，还与其

---

[1] Cowan N. The magical mystery four: How is working memory capacity limited, and why?[J]. Current Directions in Psychological Science, 2010, 19(1): 51.

认知加工速度、记忆效率以及认知策略的运用紧密相连。学生能否将所学知识有效转化为长时记忆，并在需要时迅速从知识结构中提取，直接关系到其知识掌握的扎实程度和灵活运用能力。随着儿童年龄的增长，长时记忆提取能力的增强对其学业成就具有显著的促进作用。

另一方面，研究表明，计算能力较低的儿童在长时记忆提取方面存在明显不足。这些儿童在数字广度、单字广度、数字识别速度以及直接提取策略的使用上均不如计算能力较高的儿童[1]。数字识别速度对低年级儿童的计算能力有显著影响，这进一步验证了 Case 等人的观点，即项目识别速度源于长时记忆存储，并与短时记忆密切相关。当儿童从长时记忆中提取信息时，如果识别速度较慢，可能会占据更多的认知资源，从而影响短时记忆的表现。因此，低计算能力组的儿童在短时记忆的测试中表现出缺陷，是他们在长时记忆中识别数字时速度过慢而影响短时记忆水平的结果。此外，直接提取策略的使用对低年级儿童的计算能力也有显著影响，这进一步支持了 Hamann 等人的研究结论，即高计算能力组的儿童比对照组的儿童更多地使用直接提取策略。这一发现强调了直接提取策略在计算能力发展中的重要性。

长时记忆提取能力对儿童学业成就的影响是多方面的，不仅关系到知识掌握的深度和广度，还影响着认知效率和策略运用的能力。

（三）长时记忆障碍与学习困难

长时记忆障碍与学习困难之间存在着不可忽视的联系，这种联系不仅体现在记忆性能上的差异，更深入地触及记忆策略和知识结构层面的问题。学困生在长时记忆上的挑战往往不单纯源于记忆能力本身的局限，更多是由不恰当的记忆策略运用或薄弱的知识基础所导致。

对于短时记忆广度正常的儿童来说，他们在长时记忆上的困难可能与记忆策略的不当使用紧密相关。Bauer 的研究表明，学习障碍儿童在言语材料回忆方面的不足主要是由于他们无法有效地运用复述策略，将短时记忆中的信息成功转移到长时

---

[1] 张雪怡, 文萍. 低年级儿童计算能力与短时记忆、长时记忆的关系研究[J]. 读与写(教育教学刊), 2007(9): 46-48.

记忆中，或者在提取这些信息时遇到困难。此外，Swanson等人的研究指出，阅读障碍儿童在谐音和同韵词的记忆上相较于阅读能力相当的低龄普通儿童表现出明显的不足，这进一步凸显了学困生在特定长时记忆任务上的缺陷，以及这些缺陷对其学习和表现的影响。

学习障碍的不同亚型在长时记忆方面也存在不同的缺陷模式[1]。例如，阅读障碍主要表现为对言语材料的记忆困难，而数学障碍则主要表现为对视觉空间材料和数字材料的记忆困难。这些差异不仅揭示了学困生在不同学习领域中的记忆挑战，也为我们提供了更深入理解他们学习困难的原因和机制的线索。

总体而言，认知能力与学业表现之间存在着密切的联系。感知觉能力使学生能够接收和理解外界信息，注意力能力使他们能够集中于关键内容，工作记忆能力辅助学生即时处理信息，而长时记忆则为长期知识储备提供基础。这四个认知环节相互作用，共同构成了学生认知体系的基础，对他们的学业发展起着至关重要的作用。只有当这些认知功能协同工作时，学生才能提高学习效率。因此，了解并重视这些认知要素，对于提升学生的学习效果至关重要。

---

[1] 孙金荣, 程灶火, 刘新民. 儿童数学障碍的认知神经心理特征[J]. 中国行为医学科学, 2005(12): 1136-1138.

第二章 小学生基础认知能力的特点

在小学教育的早期阶段，感知、注意力、记忆和加工速度等基础认知能力是小学生在加工信息时必备的认知能力，也是学习过程中必备的能力。随着年龄的增长，以及教育环境的相互作用，小学生的基础认知能力得以不断发展。

本书主要聚焦在与小学低年级学生学习能力密切相关的基础认知能力的实践研究上。这些基础认知能力是人类大脑长期进化发展而获得的处理和加工学习信息的能力，也是我们今后学习和发展的重要能力。

本章将通过对比普通小学生与学习困难学生在认知加工方面的差异，深入分析小学低年级学生在基础认知能力上的特点。这也为后续学习困难学生基础认知能力的改善和基础认知教育活动课程的研发提供了坚实的理论基础。

第一节 小学生基础认知能力的发展特点

依据皮亚杰的认知发展理论，小学生的认知发展大多处于"具体运算阶段"，这一阶段的孩子们表现出一些共性特征：他们开始形成守恒概念，能够进行简单的抽象思维，如根据走过的路线绘制地图；他们理解并能够运用基本原则和规则，尽管这种遵循可能显得相对刻板；此外，他们的思维开始具有可逆性[1]。

然而，在这一发展阶段内，不同小学生之间在认知能力上存在显著的个体差异。即便是同一年级的学生，他们的认知发展水平也可能各不相同。这种差异性为实施因材施教提供了可行性。

对教师而言，在教学实践中首先需要准确把握班级学生的整体认知发展水平，

---

[1] Piaget J. Les formes elementaires de la dialectique[M]. Paris: Gallimard, 1980.

了解后，教师应选择适宜的教学方法和内容，以促进学生认知能力的发展。同时在照顾全体学生的基础上还要考虑学生的个别差异，对于认知能力发展水平较高的学生，可以增加新的教学内容和学习任务，使他们的能力得到进一步发展。对于另外一些认知能力发展水平相对落后的学生，要根据他们的实际水平，增加教学方法的直观性，促进他们对所学知识的理解[1]。

一、感知觉特征

感知觉是我们获取信息的基础，它对于学业的影响不可忽视。通过感知觉，我们能够接收和处理外部世界的刺激，从而更好地理解和学习知识。小学生的感知觉特点主要表现在以下几个方面。

（一）从无意性、情绪性向有意性、目的性发展

小学低年级学生感知事物时，无意性与情绪性很明显，感知的是事物的外表，喜欢具体的、突出的对象。随着年龄的增长，小学生在良好教学活动的影响下，感知的有意性、目的性逐步发展起来，特别是差别感受性的增长要快于绝对感受性的增长。

（二）知觉从笼统的、不精确性向综合性、精确性发展

小学低年级学生不易透过现象看本质，在教学的影响下，随着年龄的增长、知识和经验的积累，小学高年级的学生能抓住重点，掌握事物之间的关系，进而提升了分析和综合能力。例如，在形状知觉方面，小学生刚入学时容易疏忽客体的"形状"特性，而更多地注视客体的其他特征，因此，写字时经常会出现笔画上有左右、上下颠倒的错误。而随着年龄增长，辨别形状的正确率会逐渐提高。

（三）空间、时间知觉在不断地发展

小学低年级学生的方位知觉需要借助具体事物的参与，随着年龄的增长，孩子们对位置和方向会有更清晰的知觉，左右方位和空间知觉都有很好的发展。在距离

---

[1] 白学军.中小学生认知能力发展水平测验的研究[J].心理学探新,2000(3):25-29.

知觉方面，小学生对空间环境中较近距离的对象可以确定，但对较远的空间距离则往往混淆不清。在教育教学的引导下，低年级学生很快能形成时间概念，而中高年级学生对较小的时间单位如分、秒以及世纪、时代等大的时间概念逐渐掌握。

（四）感知觉与动作逐渐分化

随着年龄的增长，小学生感知觉与动作的分化能力越来越强，逐渐能够进行精确的感知和动作操作。例如，在书写方面，起初他们需要通过不断地尝试和调整来形成正确的笔画，但随着年龄的增长，他们能够更精确地控制手部动作，书写也会变得更加流畅和规范。

（五）知觉的恒常性逐渐增强

知觉的恒常性是指在不同条件下，人们对某一特定刺激的感知结果相对一致的现象。小学生的知觉恒常性随着年龄的增长而增强，意味着他们能够更加稳定地理解和处理信息，不受外界环境的干扰。

（六）感知觉与思维的关系日益密切

随着年龄的增长，小学生的感知觉与思维能力逐渐相互影响，相互促进。通过感知觉获取的信息成为他们思维活动的原材料，而思维活动又反过来指导感知觉的进一步发展和完善。因此，教师和家长应鼓励孩子多观察、多思考，培养他们的观察力和思维能力。

（七）感知觉的社会化程度逐渐提高

在家庭、学校和社会的影响下，小学生的感知觉逐渐社会化，他们开始理解并遵守一定的社会规范和价值观。例如，在人际交往中，他们逐渐学会通过感知他人的情绪和表达方式来调整自己的行为和言语。这种感知觉的社会化发展对于孩子的人格形成和人际关系处理能力具有重要意义。

目前多数研究发现：小学生的感知觉发展是一个受到多种因素影响的复杂过

程[1]，尤为重要的是，早期的感统训练对于儿童在小学及后期的认知发展有重要的促进作用。实验证据表明，早期受过感统训练的儿童，随着年龄增长，后期其认知发展速度会加快，发展能力也会有一定程度的提升[2]。

综合上述研究，教师和家长应关注孩子的感知觉发展特点，提供有针对性的指导和支持。这有助于儿童在感知觉、思维和社交能力上实现全面的提升。同时，教育者和家长也应意识到每个儿童的发展速度和特点存在个体差异，应尊重这些差异，并鼓励孩子根据自己的特长和兴趣进行个性化发展。

二、注意特征

注意力在学业中起着关键的作用，集中注意力能够使学生更好地聚焦于学习任务，提高学习效率。研究表明，拥有较强注意力的学生能够更好地抵制干扰，保持专注，从而取得更好的学习成绩。对于小学生而言，注意力就是能够将焦点或意志集中在某一件事情或某一道试题上，而不被外界刺激所干扰的能力。

小学低年级学生的注意具有以下特征。

（一）无意注意占主导地位，同时有意注意飞速发展

无意注意是指没有预定目的，不需要意志和努力就能维持的注意，又叫不随意注意。例如，你正在听讲，教室的门突然被人打开，哐当一声门响，你不由得看了一眼，这就是无意注意。这种注意具有被动性，主要取决于刺激物在强度、新异性和变化性等方面的特点。因此，小学生在课堂上往往会被生动可变的、色彩鲜艳的教具吸引，对枯燥的文字或讲解不感兴趣，也常常会被课堂上各种新奇、意外的事情所分心。究其原因，是因为无意注意占优势的现象产生的生理基础——神经系统功能尚未发育成熟。随着年龄增长和大脑发育，神经系统活动的兴奋与抑制过程趋于平衡。加上教学的要求和训练，小学生逐渐理解了自己的角色与学习的意义，有意注意便得到发展。到五年级时，小学生的有意注意已基本占主导地位。

---

[1] 叶苑, 邹泓. 青少年感觉寻求的特点及其与自我控制、不良行为的关系[C]// 中国心理学会. 第十一届全国心理学学术会议论文摘要集2007.[出版社不详], 2007: 584.

[2] 王宇中, 陈书香. 早期感觉统合训练对儿童心理发育的影响[J]. 中国行为医学科学, 2005(9): 842-843.

具体来说，低年级小学生的无意注意仍起很大作用，他们神经系统兴奋的产生比较迅速，第二信号系统的抑制作用较弱，容易受强度大的、对比鲜明的、突然出现的、变化运动的、新颖的刺激所吸引，从而分散注意力。

因此，小学低年级学生的注意常常取决于教学的直观性，新奇的、鲜艳的、变化的图像，有趣的情节，老师形象生动的语言更能引起他们的注意。他们所注意的往往是读、写、算等学习过程本身以及教师本身，而不是知识。

（二）具体的直观思维仍然起着重要作用

在小学起始阶段，学生开始发展逻辑思维和抽象思维的能力。他们能进行具体的操作和观察，通过实际经验建立概念并掌握解决问题的策略，形成理解逻辑关系、分类和排序等基本的思维能力。但是小学生思维的发展是过程性的，低年级学生的知识水平和言语水平有限，抽象思维正在发展，而具体形象的思维还占据主要地位。因此一些直观的、具体的事物比较容易吸引他们的注意，老师会在课堂上利用一些教学模具来吸引学生的注意力，如在学习立体概念的时候会准备方块、三角尺、球等物品。

（三）注意范围较小，分配性不发达

注意范围是指在同一时间知觉到的对象的数量。由于小学生的大脑未发育完全，学习的知识有限，注意范围较小。注意范围对小学生观察事物的范围和阅读速度有影响，也是有效学习的条件之一。有研究表明，小学二年级学生的注意范围较小，不足四个对象，到了四年级则会达到五六个对象。

（四）注意的集中性和稳定性差

小学生的注意力时间一般较短，这是因为他们的认知和神经系统尚未完全发育成熟。在小学阶段，学生的注意集中性和稳定性是逐步发展的。心理学家阿良莫夫通过大量观察与实验研究发现：6～9岁（小学一年级至三年级）儿童可连续集中注意力15分钟左右，他们开始逐渐掌握一些基本的学习技巧和规则，能够集中注意力完成一些简单的任务。由于低年级小学生的认知发展尚未完全成熟，对于他们来说，对长时间的任务保持高度的注意力是一项较大的挑战。尤其对于一、二年级

的学生来说，更需要有趣的活动和生动的图像信息来调动他们的积极性和参与度。

（五）注意力的分配和转移能力差

小学低年级学生往往难以自如地分配注意力，这是因为有效分配注意力的前提之一是，同时进行的多项活动中仅有一项是不熟练的，而其他活动应已达到自动化的程度。然而，对于低年级学生而言，诸如听讲、记笔记和思考等技能均处于学习阶段，尚未完全自动化。注意力的转移能力要求个体能够根据新的学习任务，从一个焦点迅速转向另一个焦点。在不同的学习情境下，例如语文课堂上，低年级学生在从书写活动转向听讲时，常常表现出明显的迟缓；同样，在家中做作业时，他们从写数学作业切换到写语文作业时也常常动作缓慢，难以迅速调整思维。这些现象表明，小学低年级学生的注意力转移能力正在发展中。

（六）整个小学阶段，学生的注意经常带有情绪色彩

在整个小学教育阶段，学生的注意力往往伴随着情绪反应。由于小学生的大脑和神经系统的抑制能力尚未完全成熟，他们容易受到新奇刺激的影响，从而产生兴奋情绪。这种兴奋不仅体现在面部表情上，还可能涉及手足乃至全身的动作，使得注意力的分配呈现出显著的情绪特征。经验丰富的教师能够意识到，当教学内容呈现得生动有趣时，学生的情绪反应尤为显著。同样，这些教师也发现，小学生的注意力的外在表现较为明显，这使得他们能够及时捕捉到学生在课堂上的反应和状态，从而评估学生是否在全神贯注地听讲，以及他们是否真正理解了教学内容。

三、记忆特征

（一）瞬时记忆特点

瞬时记忆又称感觉登记，是指在极短时间内一次性呈现的外界刺激所引起的感觉信息在大约 1 秒内保持的记忆状态。瞬时记忆保持时间非常短暂但容量很大，信息以未加工的原始形态存储于记忆系统中，具有鲜明的形象性、图像性和声像性。一旦瞬时记忆中的信息受到注意，便有可能转化为短时记忆[1]。

---

[1] 曹日昌. 瞬时记忆与长时记忆[J]. 心理科学通讯, 1964(1): 7-11.

在小学阶段，儿童的认知发展正处于从具体形象思维向抽象逻辑思维过渡的关键时期，尤其是低年级学生，他们对周围环境中形象鲜明的刺激极为敏感，并能进行感觉登记。这一过程通常表现出以下特征。

容量受限：小学生的瞬时记忆容量相对较小，一次只能记住较少的信息。在处理和存储信息时，他们容易受到记忆容量的限制，难以同时记住大量的信息。

遗忘速度快：小学生的瞬时记忆持续时间较短，信息容易被遗忘。他们可能在短时间内忘记刚刚学习的知识或任务要求，需要通过反复练习和巩固来加强记忆。

易受干扰：小学生的瞬时记忆容易受到其他刺激或信息的干扰，影响他们对原有信息的记忆和集中注意力。

需要明确的指导：在进行瞬时记忆任务时，小学生通常需要教师或其他成年人提供清晰的指令和记忆策略，以帮助他们更好地记住和处理信息。

（二）短时记忆特点

小学生对生动直观的物体具有较强的感知能力，这使得他们能够迅速对短暂呈现的视觉信息进行编码。在教学设计中，常利用图片或短视频作为课程引入，帮助学生快速记忆课程主题。随着年级的提升，小学生的知识储备增加，短时记忆的容量也随之扩大，能够存储更多的信息。

除了短时记忆容量有限、遗忘速度快、易受干扰影响和需要明确指导外，小学生还表现出对重复和巩固的依赖。在巩固短时记忆时，他们通常需要通过反复的练习和复习来加深记忆，以实现长期记忆。因此，在课堂教学中，教师应及时引导学生对所学内容进行巩固和消化。同时，鉴于小学生的抽象逻辑思维和注意力集中性仍在发展中，教师应采用多种教学手段和方法来加强他们对所学知识的巩固。

（三）工作记忆特点

工作记忆在许多复杂的认知活动中起着重要作用。它在暂时存储和加工信息方面对于其他认知过程至关重要，它不仅为推理任务提供必要的信息支持，还为认知活动提供了能量资源。

小学生的工作记忆有以下特点。

需要集中注意力：在执行工作记忆任务时，小学生必须集中注意力以存储和处理信息。这要求他们将注意力集中在任务上，并能够迅速转移注意力，以便有效处理多方面的信息需求。

需要处理复杂任务：工作记忆涉及复杂的认知任务，例如解决问题、推理、计算等。小学生在进行这些任务时，需要将所需的信息存储在工作记忆中，并根据需要进行处理和操作。

研究也指出，工作记忆是学业成功的首要指标，对于儿童成功执行各种任务至关重要。具备较强工作记忆能力的个体能够更轻松地记忆指令、完成多步骤任务以及应对挑战性问题。

（四）长时记忆的特点

长时记忆对于知识的积累和运用至关重要。通过采取恰当的学习策略，我们可以显著提升长时记忆的效能，从而更牢固地掌握知识并有效运用。

小学生的长时记忆特点主要表现在以下几个方面。

记忆容量的增大：随着年龄的增长，小学生的长时记忆容量逐步扩大。起初，他们可能仅能记忆少量的文字或物体，但这一容量会随着时间推移而增加。

记忆内容的丰富化：小学生所记忆的信息类型随着自身成长而变得更加丰富。他们从简单的事物或概念记忆，逐渐发展到能够记忆复杂的词汇、知识点、历史事件等。

记忆精度的提高：随着年龄的增长，小学生在记忆细节和特征上的能力得到提升，这使得他们能够更加深入地理解和运用所学知识。

记忆策略的多样化：小学生逐渐学会并掌握多种记忆方法，如分类记忆、联想记忆、重复记忆等，这些策略有助于提高记忆效率和效果。

四、执行控制功能特征

执行控制，是一种对引导注意和行为至关重要的相关能力，指个体在实现某一特定目标时，以灵活、优化的方式控制自身的思想、行为和情感的能力[1][2]，对于小学生来说，它关系到其学习、社交以及日常生活的方方面面。

小学生执行控制功能的发展具有以下显著特点。

发展性：小学生的执行控制功能还在发展中，通常较弱。随着年龄的增长，小学生的执行功能逐渐成熟，包括抑制控制、工作记忆和认知灵活性等方面。

阶段性：执行功能的发展在不同年龄阶段具有不同特征。低年级小学生倾向于依赖直观感受，而高年级学生则更加注重逻辑思考。

个体差异：尽管小学生执行功能的发展遵循一定的规律，但个体之间仍存在显著的差异。有的孩子可能在某些方面表现出较高的执行功能水平，而在其他方面则相对较弱。这种差异可能与家族遗传、家庭环境、教育背景等多种因素有关。

抑制控制：小学生需要学会抑制冲动和不适当的反应，控制和调节自己的行为。这包括抑制冲动、延迟满足、控制情绪、遵守规则等。

工作记忆控制：小学生需要利用工作记忆来存储和操作信息，以实现复杂任务的执行。他们需要在工作记忆中同时存储和处理多个信息，并根据需要进行操作和转移。

灵活性和规则转换：小学生需要学会灵活地调整和转换策略，以适应不同的任务需求和情境变化。这包括灵活地切换注意力、调整学习策略、转换规则等。

小学生执行功能的发展是一个复杂而重要的过程，需要家庭、学校和社会等多方面的共同努力。通过创设良好的环境、加强教育引导、提供丰富多样的社会活动以及培养良好的学习和生活习惯，科学、有效地促进小学生执行功能的发展。

此外，小学一、二年级学生的基础认知能力的特点主要表现为：好奇心旺盛，对周围事物充满探索和学习的欲望；注意力集中时间逐渐增长，但仍需借助多样化的教学手段吸引其关注；逻辑思维能力逐渐发展，能够从具体事物中归纳出一般规律；记忆力逐渐提升，尤其是对感兴趣的事物记忆更为深刻；想象力丰富，

---

[1] Diamond A. Executive functions[J]. Annual review of psychology, 2013, 64: 135-168.

[2] Garon N, Bryson S E, Smith I M. Executive function in preschoolers:a review using an integrative framework[J]. Psychological bulletin, 2008, 134(1): 31.

能够通过联想和想象创造新形象和故事；空间和时间感知能力逐渐完善，对事物的位置和顺序有更清晰的认识；语言表达能力逐渐增强，能够更准确地表达自己的思想和感受。

第二节 小学学习困难学生的基础认知能力特点

在儿童发展过程中，基础学习能力包括听觉、口语、阅读、写作、计算和沟通能力，这些能力的发展涉及复杂的心理功能。这些能力的发展遵循一个自然而有序的进程，从感觉动作能力到知觉动作能力，再到符号识别、阅读能力、逻辑推理能力，直至自我监控能力。这一发展序列从幼儿期开始，逐渐延伸至儿童期和少年期。儿童在每个阶段的学习能力都是下一阶段顺利发展的基石。如果儿童在某一阶段的学习能力出现障碍，就必然导致其后一阶段学习能力的发展停滞不前。

一、什么是学习困难

学习困难的概念有广义和狭义之分。广义的学习困难是指并非智力或其他残疾所引起的学习成绩明显落后、学习适应明显不良等现象。其最突出的表现是智力正常但学习成绩显著低于同龄学生。1996年，我国学者钱再森将学习困难学生定义为"智力正常，但学习效果低下，达不到国家规定的教学大纲要求的学生"[1]。朴永馨在主编的《特殊教育学》中把学习困难学生定义为"除残疾儿童外，由于生理、心理、行为、环境等原因致使其在正常教育情形下，学习成绩明显达不到义务教育教学大纲要求水平而需要采取特殊教育方式的学龄儿童和个体心理发展水平严重落后于儿童年龄特征水平的学龄儿童"[2]。

狭义的学习困难也被称为学习障碍。1963年，Kirk在"全美特殊儿童家长研讨会"上发表演讲，首次使用了"学习障碍"（Learning Disability，简称LD）这一概念，将学习障碍定义为"指由于脑功能失调或情绪以及行为的困扰而非智力

---

[1] 钱再森.学习困难学生教育的理论与实践[M].上海：上海科技教育出版社,1996.
[2] 朴永馨.特殊教育学[M].福建：福建教育出版社,1995.

落后、感觉剥夺或文化以及教学等因素，在言语、语言、阅读、书写或算数等某个或多个方面出现落后、失调以及延缓"。2004年，在美国《残疾人教育促进法》（Individuals with Disabilities Education Act，简称IDEA）中，"特定学习障碍"指儿童在某个或多个心理过程中存在障碍，出现理解或使用口语或书面语困难，影响听、思考、说话、阅读、书写、拼读和数学计算能力。这种障碍包括知觉障碍、脑损伤、轻度脑功能障碍、阅读障碍、计算障碍和发展性失语症，但不包括那些由视力障碍、听力障碍、运动障碍、智力障碍、情绪障碍或环境、文化、经济条件差等所引起的学习问题[1]。

现在大家更多地采用美国精神医学学会2013年出版的《精神障碍诊断与统计手册（第五版）》（DSM-5）中提出的概念："特定学习障碍是一种具有生物学起源的神经发育障碍，表现为对学习关键学业技能有持续的困难、个体学业技能低于同龄人平均水平、在就学早期就出现显而易见的困难"[2]。在我国，方俊明指出学习障碍也被称为学习困难或学习低能，是指儿童在学习上存在一定障碍，遇到不同的困难，缺乏普通的竞争力，学习成绩明显落后于其他儿童的一种现象。学习障碍儿童有时也伴有轻度的脑功能障碍或其他轻度伤残，但其主要特点是缺乏正确的学习策略，没有形成良好的认知结构[3]。由上可见，狭义的学习障碍特指的是具有生物学起源的神经发育障碍，表现为学习和学术性技能习得上的困难，且伴随有认知加工过程障碍。

本书立足于学校教育的实际需求，对学习困难进行了广义的界定。学习困难是指在正规教育环境中，儿童虽具备正常智力，但因多重原因（非因残疾所致）导致其学业成绩显著低于同龄儿童正常水平的现象。对于此类学习困难的判断，包含以下三个核心标准：首先，儿童需具备学习潜能，即智力正常；其次，其学业成绩需长期且显著地低于同龄儿童平均水平，具体表现为连续三次考试成绩均低于年级平

---

[1] Samuel Flaks. The individuals with disabilities education improvement act: Changing with constitutes an "appropriate" education[J]. Journal of Law and Health, 2006(20): 72-97.

[2] 美国精神医学学会. 精神障碍诊断与统计手册（第五版）[M]. 张道龙, 等译. 北京: 北京大学出版社, 2014.

[3] 方俊明. 当代特殊教育导论[M]. 西安: 陕西人民教育出版社, 1998.

均水平 1.5 个标准差以上；最后，这种学业上的低成就并非由其他形式的残疾（如视力、听力、语言或智力障碍）所导致，而可能是由行为问题、情绪困扰或家庭、学校、社区等文化教育环境中的不利因素所影响。这类儿童构成了本书主要研究和关注的群体。

二、学习困难学生的感知觉特点

感知觉是个体与外部环境交互的起点，也是学习过程的首要环节。正如赵微教授所指出的，视觉、听觉和动作能力构成了学习的三大通道，它们在大脑中逐年累积、交互作用，形成了人们在不同年龄段对世界的认知[1]。然而，学习困难学生的感知觉往往表现出一些特定的障碍，主要表现为视知觉困难、听知觉困难和感觉统合失常，这些障碍影响着他们的学习效率和质量。

（一）视觉感知特点

首先，学习困难学生在视觉感知方面可能遇到的问题包括视觉信息接收障碍、处理阶段的困难以及理解上的不足。在视觉信息的接收阶段，他们可能面临视力问题或视觉注意力不集中的困扰，导致无法有效地捕捉和获取视觉信息。在处理阶段，他们可能在视觉信息的分辨、对比和整合方面存在困难，难以将不同的视觉元素进行准确区分和组合。在理解阶段，他们可能难以将视觉信息与已有的知识和经验进行联系，导致对视觉信息的理解不够深入和准确[2][3]。例如，他们可能在阅读时容易漏行、漏字，或者在写字时经常出错，比如笔画的遗漏或颠倒。

其次，学习困难学生可能表现出观察力差的特点。他们可能缺乏观察的目的性和自觉性，观察的敏锐性、理解性、完整性、精细性也较差。这意味着他们在观察事物时可能停留在表面，不能进行深入细致地观察，且观察时缺乏顺序性与系统性。

最后，他们在感知觉综合方面可能也存在困难。看、听、读、说、写等能力可能无法协调配合，导致学习效率低下。同时，他们可能过于依赖某一种感官进行学

---

[1] 赵微. 心理学家的幼教课Ⅱ：幼儿园里的学习力衔接课[M]. 北京：中国纺织出版社，2022.
[2] 刘翔平，刘希庆，徐先金. 阅读障碍儿童视觉记忆研究[J]. 中国临床心理学杂志，2004(3): 246-249.
[3] 李梦月. 4~6年级不同亚型数学学习困难学生空间视觉化能力研究[D]. 南京师范大学，2020.

习，而忽视了其他感官的运用，进而影响学习效果。

（二）听觉感知特点

听觉感知的过程主要包括声音的察觉、分辨、识别和理解四个阶段[1]，学习困难学生可能在以上四个阶段存在缺陷。首先，有的学习困难学生的听觉辨别能力差，他们可能难以察觉声音的存在，或者在嘈杂的环境中难以集中注意力听取特定声音。如不能正确区别声母或韵母；对声音辨别存在困难，不能区分声音上相近的字与词，如4和10。这可能导致他们在学习拼音、发音或听力理解时出现困难。例如，他们可能难以区分"f"和"v"的发音，或者在听力测试中无法准确辨别相似的单词。

其次，学习困难学生的听觉记忆也可能较弱，难以重复长句子或在多次提醒后才能完成任务。例如，对多于五六个词的句子不能重复、听不全句子等，教师和家长也经常反映要重复多遍或提醒多次，孩子才能把一项任务或活动全做完。这些儿童在基础教育阶段的课堂教学中会遇到较大困难。但是，由于学习困难的特异性，部分儿童更多地依赖视觉通道加工信息，选择优势通道进行学习。所以在学习困难学生的教育中，必须全面地了解每一个儿童的发展水平和现状，善于和利用他们的优势，因材施教，才能真正促进其发展。

此外，他们在语言感知和识别方面也可能存在问题。他们可能难以理解复杂的言语，在理解长句和复杂指令时存在困难。他们可能难以准确捕捉和理解语言中的细微差别，比如语速、语调的变化就会让他们的听觉理解出现困难；对于声调语言（如汉语），也可能在识别和正确发出声调方面有困难，这可能影响他们的语音表达和理解。比如，他们可能在说汉语时声调不正确，或者在听别人说话时难以理解声调的变化所带来的语义差异。这不仅影响他们的语言学习，还影响其交流能力，不利于他们的社会化发展。

最后，他们也可能在记住和回忆听到的声音信息方面有困难。例如，他们可能在背诵诗歌、歌曲或课文时遇到挑战，或者在学习新的词汇时难以准确记住发音。

---

[1] 刘小珍. 学习困难学生认知特征的研究[D]. 江西师范大学, 2010.

有些学生可能在听觉的注意力集中方面存在问题，容易分心或错过重要的听觉信息，有的学生可能在处理和理解听觉信息的速度上较慢，这可能使他们跟不上老师的讲课节奏或对复杂指令无法及时做出反应，在课堂上难以全程专注于老师的讲解。

（三）触觉感知特点

触觉感知过程主要涉及对外部物体或刺激的接触、感知和解释[1]。学习困难学生在触觉感知过程中表现出的特点主要包括以下几个方面。

首先，他们可能对触觉刺激的敏感度有所不同。有些学生可能对轻微的触觉刺激的反应过于敏感，而对强烈的刺激则相对不敏感，这可能导致他们在接触某些物体或进行某些活动时感到不适或困扰。例如，在手工制作或操作物体时出现困难。有些学生可能对触觉刺激过于敏感，例如，对衣服的质地、触摸的力度或温度的变化过度反应，这可能导致他们对某些材料或环境感到不适，影响他们的注意力和参与度。

其次，学习困难学生可能在触觉辨别上存在困难。他们可能难以区分不同物体的质地、形状或大小，这会影响他们对周围环境的感知和理解。例如，他们可能难以区分粗糙和光滑的表面，在拼图、搭建积木等活动中出现问题。手部精细动作控制困难的学生在进行书写、绘画、剪纸等需要精细手部动作的任务时可能有困难。他们可能写字不工整、画线条不流畅，或者在使用工具时缺乏精准性。

最后，触觉与空间感知的关联性也可能影响到学习困难学生。他们可能在通过触觉来感知物体的空间位置、方向和运动上存在障碍，这在某种程度上会影响他们的动作协调性和运动技能的发展。他们可能在拼图、组装玩具或进行空间构建活动时遇到挑战。身体协调困难的学生可能在身体协调性方面存在问题，这可能影响他们的运动技能和操作物体的能力。例如，他们可能在体育活动、舞蹈或乐器演奏中表现不佳。例如，有的学生可能在书写时感觉到笔的握感不舒适，写字费力；有的学生在手工制作时难以将材料对齐，作品不够精细；还有的学生在操作物体时无法

---

[1] 刘小珍，李奕慧. 不同类型学习困难学生认知特征及影响因素分析[J]. 赤峰学院学报(自然科学版)，2016, 32(3): 86-87.

准确感知其重量或大小，导致操作不顺利。

（四）感知觉统合特点

对于学习困难学生来说，感知觉统合过程可能相对复杂和困难。首先在信息接收阶段，学习困难学生可能无法有效地从各种感觉通道中接收信息。例如，他们可能对视觉或听觉刺激不敏感，或者无法准确感知触觉刺激。在信息整合阶段，在接收到信息后，学习困难学生可能难以将这些信息整合成一个连贯、有意义的整体。他们可能无法将不同感觉通道的信息相互关联，导致对环境的感知出现偏差或混乱。最后的反应输出阶段，由于信息整合的困难，学习困难学生在对外界做出反应时可能表现出不协调或延迟。他们的动作可能显得笨拙或缺乏流畅性[1]。

学习困难学生在整合多种感知觉信息时可能会遇到挑战，例如在协调视觉和听觉信息时感到困难，影响他们对整体信息的理解和处理。学习困难学生的感觉统合失调率显著高于学习优秀学生[2]，由于他们的精细运动协调能力较差，在学习中，其表达往往词不达意，阅读时经常跳字跳行，写字时常常笔画混乱。运动协调困难的学生可能在精细动作技能（如书写、画画）或大肌肉运动（如跑步、跳跃）方面存在困难，动作不协调，容易摔倒或撞到东西。空间感知有问题的学生可能会出现难以判断距离、方向或位置，导致在数学、几何等方面出现学习困难的现象。

另外，感知觉统合困难可能会影响学生的情绪调节和社交互动能力，导致情绪不稳定、行为问题或与他人交往困难。

需要指出的是，这些特征并不是普遍出现在所有学习困难学生身上，每个学生的情况都是独特的。此外，感知觉问题可能与其他因素如注意力、情绪、学习方法等相互作用，影响学生的学习表现。对于学习困难学生，个体化的评估和支持是非常重要的，在确定他们具体的感知觉需求的基础上，提供相应的教育干预和辅助工具。

---

[1] 王帮敏, 关惠新, 陈洁, 等. 感觉统合失调及感觉统合训练在注意缺陷多动障碍中的研究进展[J]. 精神医学杂志, 2021, 34(6): 570-576.

[2] 谭柏坚, 邬德纯, 杨惠青. 学习困难儿童认知特点的对照研究[J]. 中国当代医药, 2014, 21(21): 23-25.

三、学习困难学生的注意力特点

注意力是学习过程中的关键因素，对于学习困难学生而言，其注意力、注意力品质都存在显著缺陷[1]。学习困难学生的注意选择性和调控性较差，很难把注意力集中在学习目标上，并且其注意力集中的保持时间也很短，常常出现好动、东张西望、易分心、情绪不稳定等表现。学习困难学生普遍存在注意力不集中、多动等问题[2]，有部分学习困难学生伴有注意缺陷多动障碍（Attention Deficit and Hyperactive Disorder，简称 ADHD）。目前注意力和学业成绩之间的密切相关性已有大量的研究支持，注意缺陷直接导致学习困难学生的作业完成时间延长，出现错误和遗漏题目等现象高频发生，学业成绩明显落后[3]。

学习困难学生的注意特征可能包括以下几个方面。

（一）注意力不集中

学习困难学生往往难以维持长时间的注意力集中，容易分心或被外界干扰。在课堂上，他们可能容易走神，难以集中精力听讲。他们上课或做作业时出现"走神"的状态都是注意稳定性差的表现。学习困难学生在不同任务或活动之间切换注意力时可能会遇到问题。他们可能难以快速适应新的注意力焦点。而注意力转移的速度则是思维灵活的重要体现，它是认知加工并形成决策的重要保证。

学习困难学生在学习或做作业时，很容易被周围的声音、视觉刺激或其他无关事物吸引，导致注意力转移。无法长时间保持注意力集中，容易疲劳或失去兴趣，难以持续完成一项任务；思绪容易飘走，忘记自己正在做的事情。由于注意力不集中，完成作业可能会花费较长时间，容易拖延、效率低下。在听讲或阅读时，可能会错过关键信息或细节，影响学习效果。对周围的干扰比较敏感，比如噪声、其他人的活动等，容易被打断注意力。注意力不集中可能导致学习成绩不稳定，时好时

---

[1] 张曼华, 杨凤池, 张宏伟. 学习困难儿童注意力特点研究[J]. 中国学校卫生, 2004(2): 202-203.

[2] Purvis K L, Tannock R. Phonological processing, not inhibitory control, dilerentiates ADHD and reading disability [J]. Journal of the American Academy of Child and Adolescent Psychiatry, 2000, 39(4): 485-494.

[3] 陈翠翠, 杜晓新, 李叶娥. 正念训练对学习困难学生注意力及学业情绪的影响[J]. 基础教育, 2019, 16(2): 74-81.

坏。在整理学习材料、安排学习时间或管理任务上可能存在困难。学习困难学生可能在对自己感兴趣的领域或活动上表现出较高的注意力，但对于不感兴趣的任务则更难以集中注意力。

（二）注意力缺乏广度和分配性差

学习困难学生在处理多任务时表现出注意力分配的困难，难以同时关注多个信息源，这在复杂的学习情境中尤为明显。例如，在听讲的同时做笔记可能会有困难，必须停下来记完笔记再继续听讲，难以有效地分配注意力；在不同任务或活动之间切换时可能会遇到困难，需要较长的时间来转移注意焦点；在处理信息时，可能容易忽略重要的细节或部分，导致理解不全面；在复杂的学习情境中，可能会迷失或失去对主要目标的关注；由于注意力的限制，学习可能需要更长的时间，效率相对较低。

（三）更易受到情绪影响

情绪波动对学习困难学生的注意力有显著影响。焦虑、有压力或情绪不稳定时，他们的注意力会更加难以集中。负面情绪可能降低学习的动力和兴趣，导致注意力不集中；受情绪干扰，注意力难以持久，容易疲劳或失去专注力；强烈的情绪反应，如过度兴奋或紧张，可能影响参与课堂的积极性和注意力集中；情绪状态不佳时，可能会影响记忆信息。积极或消极的情绪都可能对学习效率产生影响，导致这些学生的学习困难增加。

（四）缺乏自我监控能力

学习困难学生可能难以意识到自己的注意力问题，也不知道如何有效地管理和调节自己的注意力。帮助学习困难的学生提高自我监控能力可以采取以下一些方法。

明确目标与计划：与学生一起设定明确的学习目标，并制订具体的计划。这有助于学生清楚知道自己要达到什么，以及如何一步一步地实现。

提供反馈与指导：及时给予学生关于学习表现的反馈，指出优点和需要改进的地方。同时，指导他们如何分析自己的学习过程，找到问题并制定解决方案。

学习方法指导：教给学生有效的学习方法和策略，例如，如何做笔记，如何复习，如何管理时间等，这可以帮助他们更好地监控自己的学习。

自我评估练习：鼓励学生定期进行自我评估，让他们思考自己的学习进展、遇到的困难以及如何改进，可以通过填写自我评估表或与老师、同学进行交流来实现。

制定提醒与监督机制：帮助学生建立提醒自己的方式，如设置闹钟、制定任务清单等。同时，老师或家长可以适当地监督学生的学习进度，促使他们养成自我监控的习惯。

培养反思能力：引导学生对学习过程进行反思，思考自己的学习方法是否有效，以及如何调整。通过反思，学生可以更好地认识学习过程中存在的问题。

激励与奖励：及时肯定学生在自我监控方面的努力和进步，给予适当的激励和奖励，增强他们的积极性和自信心。

示范与榜样：老师或其他优秀学生可以作为自我监控的示范，让学习困难学生观察和学习他们的方法和习惯。

综上所述，学习困难学生在注意力方面面临诸多挑战，这些挑战不仅影响了他们的学习表现，也对他们的学业成绩和学习动力产生了负面影响。通过个性化的注意力干预和支持，可以帮助这些学生发展和调节注意力，从而提高学习效率和学业成绩。

四、学习困难学生的记忆特点

记忆是人脑对外界输入的信息进行编码、储存和提取的过程（见图2.1）[1]，对个体获取新知识、巩固旧知识、整合新旧知识以及形成的知识结构起到重要的作用。

学习困难学生在记忆的认知加工过程中，如信息的选择、存储、使用和再现等，面临诸多挑战。大量研究显示，学习困难学生在感觉信息的编码和提取上存在困难。学习困难学生对信息的提取速度较慢，对再认字词进行编码时常需要更多的时间。在感觉记忆进入到短时记忆后，需要对信息进行比较、组织与编码。学习困难学生在短时记忆方面的缺陷主要表现在听或看之后短时间内对信息的回忆有困难，如常常忘记刚写的句子或刚看过的信息等；同时复述的水平也低于普通儿童。

---

[1] 赵微. 学习困难儿童的发展与教育[M]. 2版. 北京：北京大学出版社，2011.

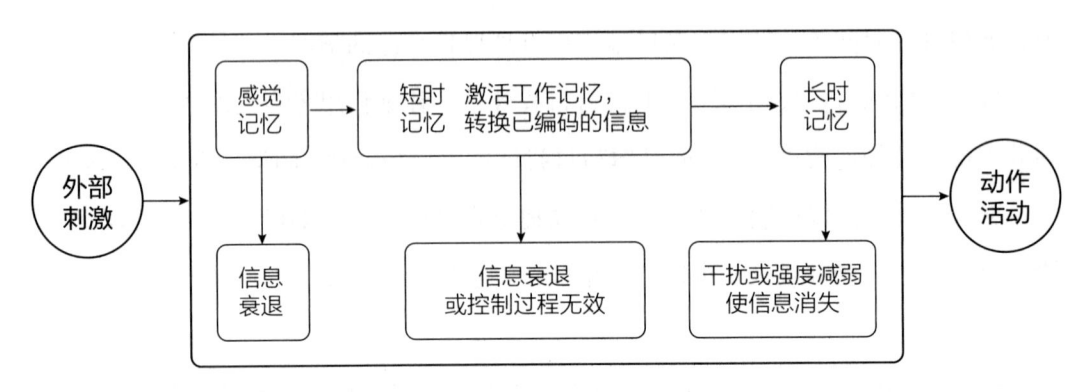

图 2.1 记忆的信息加工成分与阶段

具体问题有如下表现：首先，感觉记忆和短时记忆均存在编码和提取困难；其次，工作记忆的容量和短时记忆均存在编码和提取困难；再次，工作记忆的容量小、加工速度慢；最后，长时记忆的知识结构不良，语义编码困难，最终导致信息提取不畅。

除此之外，学习困难学生在记忆策略选用方面也存在不足，他们常常使用机械记忆和序列记忆方式，不擅于运用更有效的记忆方式。也有研究表明，学习困难学生在元记忆监控方面明显能力不足[1]。

以下是学习困难学生在感觉记忆、短时记忆、工作记忆和长时记忆方面的一些特征。

（一）感觉记忆特点

已有的大量研究探讨了学习困难学生在感觉记忆方面的障碍[2][3]。学习困难学生在感觉记忆方面，面临信息编码和提取的困难，对细节不敏感，可能导致信息丢失或失真；感觉记忆的容量有限，难以处理多感官信息，容易受到干扰，影响信息的准确感知；此外，信息提取速度慢，尤其在阅读过程中，在将视觉信息转化为多模态信息的存储上存在障碍。

---

[1] 周永垒, 韩玉昌, 张侃. 元记忆监控对学习困难学生记忆影响的实验研究[J]. 中国特殊教育, 2008(5): 42-46.

[2] 高苗苗, 张定民. 数学学习困难学生的认知特点及干预策略[J]. 中小学心理健康教育, 2021(16): 7-9.

[3] 周璇. 不同类型学习困难学生认知特征与学业自我概念的研究[D]. 上海师范大学, 2017.

具体表现如下。

首先，学习困难学生在对感觉信息的编码上存在问题，他们的感觉记忆可能相对短暂，即瞬时性较强。这意味着他们可能在接收外部刺激时存在困难，如视觉或听觉信息的接收可能不准确或不完整。他们可能对细节不敏感，导致在后续的信息处理阶段中信息丢失或失真[1]。

其次，在信息的存储阶段，学习困难学生的感觉记忆容量有限。他们可能难以同时处理多个感官信息，或者在信息过载的情况下容易出现记忆混淆或丢失。这可能会对他们的学习和记忆能力造成一定的限制。

此外，在提取信息的过程中，学习困难学生的感觉记忆可能容易受到干扰。环境中的噪声、光线变化或其他刺激因素可能会分散他们的注意力，影响他们对信息的准确感知。研究发现，学习困难学生的感觉记忆中信息编码、提取的速度较慢。外界信息首先进入感觉记忆，接受视觉编码与听觉编码的加工，这种加工时间一般很短（3～5秒）。有时要将一种形式的信息转化成多种形式的信息结合才能储存[2]。如阅读过程的第一步，就是将视觉信息转化为视觉—听觉—言语信息储存。在提取的速度方面，研究者发现学困生在对再认词进行编码时需要花更多的时间来搜索记忆，这会影响到他们的阅读速度，从而导致学习落后[3]。

因此，对于学习困难学生来说，提供有针对性的记忆训练和支持显得尤为重要。教育者可以通过采用一些特定的教学策略来帮助他们克服感觉记忆方面的困难。例如，可以利用重复和强化的方式来加强信息的记忆；通过创造安静、稳定的学习环境来减少干扰因素；利用视觉、听觉等多种感官渠道来呈现信息，以提高他们的感知和记忆效果。

（二）短时记忆特点

信息从感觉记忆进入短时记忆后，需要进行比较、组织、加工和编码。短时记

---

[1] 王璇, 答会明, 范亚莉.10 年来我国学习困难儿童研究综述[J]. 陇东学院学报, 2016, 27(2): 137-141.
[2] 吴增强. 学习困难学生认知加工的特点[J]. 教育理论与实践, 1995(4): 31-33.
[3] 张海燕. 近年来关于学习困难学生认知特征研究综述[J]. 学理论, 2013(14): 267-268.

忆反映的是对信息的保存能力，对保存的信息不做任何修改[1]。短时记忆随人年龄的增长而不断发展，发展到一定程度后，又会随人年龄的增长而衰退，而且这种发展不是简单被动的过程，如果在这一发展过程的任何阶段出现问题，就可能造成短时记忆发展障碍，学习困难学生的短时记忆可能存在不同程度的缺陷。

研究发现，工作记忆和短时记忆是独立的，一个暗含的假设是学习困难者可能有独立于工作记忆的短时记忆缺陷。Swanson 和 Sachse-Lee 探讨了数学学习困难学生的短时记忆特点，发现数学学习困难学生的短时记忆能力相较于学习正常儿童差[2]。王恩国做了一系列研究，从储存的角度探讨学习困难学生的工作记忆缺陷是否由短时记忆储存能力的不足造成的，结果发现，不同类型学习困难学生均存在短时记忆缺陷，学习困难学生在所有的短时记忆任务中的成绩均低于控制组，不同类型的学习困难学生的短时记忆缺陷出现分化，数学学习困难儿童在视觉空间短时记忆方面存在特定缺陷，而语文学习困难学生的言语短时记忆缺陷明显[3]。

具体表现如下。

首先，短时记忆的容量有限。学习困难学生可能只能记住较少的信息单元，这可能导致他们在处理复杂或大量的信息时感到困难。

其次，短时记忆的持续时间相对短暂。对于学习困难学生来说，信息在短时记忆中保留的时间可能更短，更容易被遗忘。这会影响他们的学习效果，尤其是在需要快速处理并应用信息的情况下。

再次，短时记忆容易受到干扰。学习困难学生在处理信息时可能更容易受到外部环境的干扰，导致信息丢失或混淆。

最后，学习困难学生在复述和转化信息到长时记忆方面可能存在困难。复述是使短时记忆的信息向长时记忆系统转化的关键，但学习困难学生在短时记忆中的复述频率和复述策略水平较低，导致信息无法有效转化和长期保留。这进一步影响了他们处理信息的能力。

---

[1] 王恩国, 沈德立, 吕勇. 语文学习困难学生的短时记忆、工作记忆和加工速度[J]. 心理科学, 2008(1): 5-10+15.

[2] Swanson H L, Sachse-Lee C. Mathematical problem solving and working memory in children with learning disabilities: Both executive and phonological processes are important[J]. Journal of experimental child psychology, 2001, 79(3): 294-321.

[3] 王恩国, 叶枝娟. 不同类型学习困难学生有意遗忘特点[J]. 心理研究, 2011, 4(6): 30-36.

对于学习困难学生，教育者需要关注他们的短时记忆特点，提供有针对性的支持和干预措施，以帮助他们克服记忆障碍，提高学习效果。

（三）工作记忆特点

从认知加工机制看，与学习正常学生相比，学习困难学生的工作记忆、短时记忆、加工速度、长时记忆信息的提取、抑制机制和有意遗忘均存在明显的不足，而在这些因素中，工作记忆对造成学习困难原因的解释量最大[1]。工作记忆对于学习、运算、推理、语言理解等复杂的认知活动起关键作用，能有效鉴别学习困难学生和非学习困难学生[2][3]，并且对复杂认知操作具有良好的预测性[4]，可以预测未来学业成就[5]，工作记忆缺陷会造成多方面的学习困难[6]。

Swanson等人对工作记忆中的语音回路在阅读理解中的作用进行考查，结果表明，语音回路和中央执行功能都与阅读理解关系密切，与数学学习困难学生相比，语文学习困难学生存在特定的言语工作记忆缺陷[7]。随后的研究进一步证实，语文学习困难学生以语言的运用和理解障碍为主要特点。学习困难学生在使用语音回路时，可能难以维持信息的活跃状态或进行有效复述。他们的语音回路功能可能受限，导致在记忆口头信息、执行语言任务或进行口头推理时表现不佳。这种限制可能使他们在学习需要口头表达或听说的内容时面临挑战。

视觉空间加工缺陷是学习困难学生的另一个重要认知特征。赫尔实研究发现，儿童的视觉信息加工障碍是造成阅读困难的主要原因[8]。郭靖等人的研究证实，视觉空间加工障碍是造成学习困难的重要原因之一，表现在阅读时错读、漏读、跳读

---

[1] 张欣, 王恩国. 近20年学习困难的认知加工机制研究[J]. 心理学进展, 2021, 11(6): 1448-1457.

[2] 王恩国, 刘昌. 数学学习困难与工作记忆关系研究的现状与前瞻[J]. 心理科学进展, 2005, 13(1): 39-47.

[3] Becky M C, Connie S H. The cognitive profile of Chinese children with mathematics difficulties[J]. Journal of Experimental Child Psychology, 2010, 107: 260-279.

[4] Anderson J R, Reder L M, Lebiere. Working memory: Activation limitations on retrieval[J]. Cognitive Psychology, 1996, 30: 221-256.

[5] 祝孝亮, 赵鑫. 执行功能在不同年级儿童数学能力中的作用[J]. 心理学报, 2023, 55(5): 696-710.

[6] Sluis S. Working memory with reading- and arithmetic-related LD[J]. Journal of Learning Disabilities, 2005, 38: 207-221.

[7] Swanson H L, Sachse-Lee C. A subgroup analysis of working memory in children with reading disabilities: domain-general or domain-specific deficiency?[J]. Journal of Learning Disabilities, 2001, 34: 249-263.

[8] 赫尔实. 近年来国内学习障碍儿童认知特征研究综述[J]. 中国特殊教育, 2005(3): 85-89.

等[1]。但是也有研究发现，视觉空间工作记忆与数学成绩的相关性远远高于与语文成绩的相关性，在随后的协方差分析中也显示，语文学习困难儿童并不存在视觉空间工作记忆缺陷[2]。另外，视觉空间认知障碍会造成计算时对位困难，从而导致数学学习困难。周世杰、杨娟等人利用自行研制的工作记忆测验工具对数学学习困难学生和数学学业成绩正常的儿童进行测试，结果发现，数学学习困难学生在视觉工作记忆上比数学学业成绩正常的儿童要差，尤其是与数字信息加工有关的工作记忆损害较为严重[3]。郑惠等人发现，数学学习困难学生从记忆中提取算数知识存在困难，并且他们对记忆提取的过程会受到干扰，这种干扰可能和视觉空间工作记忆存在加工缺陷有关[4]。学习困难学生的视觉空间模板功能可能较弱，导致他们在记忆图像、进行空间推理或解决涉及视觉信息的任务时表现不佳。这种限制可能影响他们对图形、图表或其他视觉学习材料的理解和记忆。

中央执行系统是工作记忆的核心成分，负责视觉空间模板和语音环路两个子系统之间以及它们与长时记忆的联系，同时，负责注意资源和策略的选择与计划，执行功能是一个复杂的认知技能[5]，王艳等人的研究表明，数学学习困难学生在工作记忆总分、中央执行系统和视觉空间模板上的得分显著低于数学学业优良儿童和数学学业普通儿童，在语音环路上的得分显著低于数学学业优良儿童[6]。在这些认知因素中，执行功能被认为是影响儿童早期数学学习的一个重要因素。学习困难学生的中央执行系统可能较为薄弱，难以有效地管理、协调和整合信息，无法高效处理复杂任务，导致他们在解决问题、制订计划或进行逻辑推理时表现不佳。

学习困难学生的工作记忆缺陷主要包括容量缺陷和加工抑制机制缺陷[7]。孙悦

---

[1] 郭靖, 陶德清, 黎龙辉. 学习障碍儿童深度知觉能力的研究[J]. 心理科学, 2001(6): 752-751.

[2] 王恩国, 沈德立, 吕勇. 语文学习困难学生的短时记忆、工作记忆和加工速度[J]. 心理科学, 2008(1): 5-10+15.

[3] 周世杰, 杨娟, 张拉艳, 等. 数学障碍儿童的工作记忆研究[J]. 中国临床心理学杂志, 2006(4): 352-354.

[4] 郑惠, 林文璇, 胡华芸. 数学学习障碍儿童认知缺陷的初步分析[J]. 中国儿童保健杂志, 2008 (3): 287-289.

[5] 吴婧怡. 中央执行功能的促进对小学生语文阅读能力提升的实验研究[D]. 青海师范大学, 2023.

[6] 王艳, 朱楠, 陈影. 工作记忆对数学学习困难学生应用题解决的影响研究——基于工作记忆成分的视角[J]. 中国特殊教育, 2022(11): 46-54.

[7] 白洁, 赵微. 学习困难学生的内隐学习研究[J]. 现代特殊教育, 2017 (6): 52-57.

亮对学习困难学生的工作记忆广度进行研究，发现学习困难学生的工作记忆广度较低，工作记忆广度与其学业成绩之间存在显著正相关[1]。

学习困难学生的工作记忆特点主要表现在以下几个方面。

首先，他们的工作记忆容量相对较小，不能同时处理大量的信息。这导致他们在学习过程中无法有效地存储和检索所需的信息，容易发生遗忘和混淆。

其次，这类学生的注意力不集中，容易分心和偏离任务。他们往往无法持续关注学习内容，导致学习效率低下和学习成绩下降。

此外，学习困难学生的工作记忆处理速度相对较慢，不能快速地进行信息的加工和转换。这导致他们在解决问题和进行思维活动时，反应迟钝，容易跟不上课堂进度。

工作记忆能力存在缺陷的孩子通常可能会表现出以下几个方面的问题：
- 经常会忘记带所需的材料回家；
- 做作业时需要督促；
- 读书时常常需要回过头再看一次；
- 在数学逻辑思维方面存在困难；
- 在理解故事情节方面存在困难；
- 在理解语法和句子结构方面存在困难；
- 难以记忆有不同方向的空间路线；
- 难以完成复杂任务；
- 难以完成心算；
- 经常需要重复。

很多时候，虽然孩子们出现了以上的问题，但是成人由于认识不足，往往容易将孩子错误地诊断为多动症或学习障碍，或者认为他们的记忆能力存在缺陷并难以发展。实际上，工作记忆弱的孩子并不一定有多动症或学习障碍，通过使用恰当的记忆策略和练习，他们可以改善工作记忆的不足，学会管理自己的视觉空间模板和语音回路以增强记忆能力。

---

[1] 孙悦亮, 金志成. 工作记忆广度与学习困难的关系研究[J]. 华南师范大学学报(社会科学版), 2009(1): 152-153+156.

综上所述，学习困难学生在工作记忆方面存在明显的缺陷，包括工作记忆容量小、注意力不集中和处理速度慢等问题。这些问题影响了他们的学习效果和学习成绩。因此，针对这些特点，教育者和家长需要采取适当的教学策略和方法，帮助他们改善工作记忆能力，提高学习效果。

（四）长时记忆特点

长时记忆是信息经过短时记忆阶段后的归宿，信息被深度加工与编码后进入长时记忆。学习困难学生在此过程中面临挑战，因为他们往往难以将信息有效地编码成可以长期保留的形式。注意力分散、不当的学习策略或有限的认知处理能力可能是造成这一问题的原因[1]。特别是在语义记忆编码方面，这些学生由于缺乏精细的复述策略，导致信息难以转化为有意义的知识，进而难以存入长时记忆[2]。

对于学习困难学生来说，即使信息成功编码并进入长时记忆，其保持形式可能相对较为松散和不稳定。信息在存储过程中容易发生变形或遗忘，导致他们在回忆时无法准确还原原始信息。此外，由于他们的长时记忆系统可能相对较为有限，因此更容易受到其他信息的干扰和覆盖[3]。在回忆或提取信息方面，学习困难学生虽也运用了一定的策略，但效用较低。少数研究对学习困难学生的情景记忆进行了探讨，发现在自由回忆等任务中学习困难学生组的成绩均比学习正常儿童组差[4]，表明他们不仅在工作记忆加工上有缺损，且在长时记忆功能上也有不同缺陷。早期研究发现，学习困难学生从长时记忆中提取和运用相关知识的能力比较差[5]。王恩国和叶枝娟的研究表明，语文学习困难学生和数学学习困难学生体现出了一定的提取抑制能力缺陷，学习困难学生与控制组在长时记忆信息的提取方面存在显著差异，并且长时记忆信息提取对不同类型的学习困难学生的工作记忆缺陷的解释程度不同，语数双困难学生比语文学习困难学生、数学学习困难学生存在更严重的信息提

---

[1][2][3] 程灶火, 龚耀先. 学习障碍儿童记忆的比较研究Ⅱ. 学习障碍儿童的长时记忆功能[J]. 中国临床心理学杂志, 1998(4): 26-31.

[4] Menghini, Deny, Carlesimo, et al. Developmental dyslexia and explicit long-term memory[J].Dyslexia, 2010, 16(3): 213-225.

[5] 刘荣, 周琼丹, 张向东, 等. 学习困难儿童不同干扰条件下的工作记忆与情景记忆[J]. 中国心理卫生杂志, 2014, 28(11): 807-812.

取能力不足 [1]。

学习困难学生在长时记忆方面可能表现出以下特点。

1. 信息提取困难

在需要从长时记忆中检索信息时，他们可能会遇到困难。例如，在考试或回答问题时，难以回忆起学过的知识。以下是一些具体的例子，可以说明学习困难学生在信息提取方面可能遇到的困难。

（1）考试表现不佳：学生在考试时可能难以回忆起学过的概念、公式或具体内容，导致答案不完整或错误。

（2）写作困难：在写作过程中，他们可能忘记想要表达的观点、词汇或正确的语法结构，导致文章内容不连贯或存在错误。

（3）阅读理解问题：对于阅读材料中的重要信息，可能无法准确提取和理解，影响对文本的整体理解。

（4）数学问题解决困难：在解决数学问题时，可能忘记相关的公式或步骤，导致计算错误或无法找到正确的解题方法。

（5）知识运用困难：学生可能在实际情境中难以提取和运用所学的知识，如无法将课堂上学到的知识应用到实际生活中。

（6）回忆细节问题：在需要回忆具体细节或事件顺序时，可能会有困难，如忘记故事的关键情节或实验的步骤。

（7）语言表达困难：在口语表达或回答问题时，难以迅速提取合适的词汇和句子结构，导致表达不清晰或不准确。

这些例子只是信息提取困难的一些表现，每个学生的具体情况可能会有所不同。通过使用一些记忆技巧和策略，如制作思维导图、将知识再现、与他人讨论等，可以帮助学习困难学生提高信息提取的能力。

2. 长时记忆容量有限

相比普通学生，学习困难学生可能能够记住的信息量较少，或者在存储和保持信息的长时记忆上存在问题。由于记忆问题，学习新的课程或技能可能会比较缓慢，

---

[1] 王恩国, 叶枝娟. 不同类型学习困难学生有意遗忘特点[J]. 心理研究, 2011, 4(6): 30-36.

需要更多的时间和支持。

3. 遗忘率更高

学习困难学生可能更容易遗忘所学的内容，随着时间的推移遗忘的内容会越来越多。需要更多地复习和重复或者与已有经验建立有效联系来巩固记忆。他们也可能难以将新学到的内容与已有知识进行有效的整合，导致记忆的不牢固和容易遗忘。

4. 缺乏有效的记忆策略

学习困难学生可能没有掌握适合自己的记忆方法和技巧，如没有形成良好的复习习惯或没有利用联想等方法来帮助记忆。为了帮助学习困难学生改善长时记忆，可以采用一些策略，如提供有效的学习方法、加强复习和重复、使用记忆技巧和策略、创造有趣的学习环境等。同时，理解每个学生的独特需求和学习风格，提供个性化的支持也是很重要的。

五、学习困难学生的执行控制功能特点

执行功能，作为个体在达成特定目标时，不断自我调整的认知神经机制，涵盖了计划、工作记忆、冲动控制、抑制、思维定式的转换与心理灵活性以及行为的生成与监控等多个方面[1]。对于学习困难学生而言，他们在执行功能方面可能面临一系列挑战，如抑制控制能力的不足以及工作记忆的受损等。这些缺陷在学习困难学生执行功能任务的表现中尤为明显，尤其是在抑制控制和工作记忆这两个方面[2]。

在不同亚型汉语阅读障碍儿童的执行功能的研究中，发现字词识别障碍组、阅读理解障碍组在工作记忆和抑制控制上均表现出发展性迟滞的特点，双重障碍组儿童仅在工作记忆任务上表现出发展性迟滞的特点，在认知灵活性任务中，没有发现三类儿童在认知灵活性上存在发展性迟滞的特点[3]。对于阅读障碍儿童来说，他们

---

[1] Miyake A, Friedman P N, Emerson J M, et al. The unity and diversity of executive functions and their contributions to complex "frontal lobe" tasks: A latent variable analysis[J].Cognitive Psychology, 2000, 41(1): 49-100.

[2] 梅新新. 学习困难学生执行功能的抑制控制研究[D]. 重庆师范大学, 2022.

[3] 邹震飞. 不同亚型汉语阅读障碍儿童的执行功能特征[D]. 陕西师范大学, 2022.

在这些方面往往呈现出独特的特点。他们可能面临语言发育迟缓、构音障碍和字母记忆困难等问题。他们还可能存在语音加工问题，如音的合成、词的节律以及将词分割为可发音的成分等方面的困难。由于抑制控制和工作记忆的受损，学习困难学生在阅读时可能难以维持专注，导致阅读速度缓慢，难以深入领会文章的深层含义。

此外，执行功能在数学能力的发展中也扮演着重要的角色。研究表明，各执行功能成分对不同数学能力的预测作用存在差异，并随着儿童年龄的增长而发生变化[1]。对于小学中高年级的学生来说，执行功能的各成分与数学学业成绩密切相关，是预测数学学业成绩的有效指标[2]。特别是工作记忆对数学学业成绩的预测性最强，而认知灵活性对数学能力的预测性也极为显著。

然而，数学学习落后学生的执行功能存在明显的缺陷，这可能是导致他们数学能力缺陷的重要原因。他们可能有以下表现。

计划与工作记忆困难：难以制订有效的学习计划，或者在解题过程中难以记住关键的步骤和信息。难以维持和整合必要的信息。

控制冲动与抑制困难：他们可能无法有效地控制自己的冲动行为，或者在解题时难以抑制无关的想法，频繁地打断自己的解题过程。

数位与计算技能困难：他们可能对数位概念理解不足，难以理解相同的数字在不同的数位上表示不同的值。在计算过程中，他们可能会混淆运算方法，无法正确掌握运算法则，或者省略必要的运算步骤。

问题解决能力困难：当面对数学语词问题或应用题时，他们可能会感到特别困难。

进一步来看，学习困难学生在目标设定和计划执行方面可能面临挑战。他们可能难以明确学习目标，制订详细的学习计划，导致学习过程显得混乱无序。此外，他们的抑制控制功能可能较弱，容易受到外界干扰，难以集中注意力。同时，在面对学习情境或任务要求的变化时，他们可能缺乏足够的灵活性和适应性，难以迅速调整自己的思维和行为方式。

在探索支持学习困难学生的策略时，我们不得不深入剖析其认知能力的特点。

---

[1] 祝孝亮, 赵鑫. 执行功能在不同年级儿童数学能力中的作用[J]. 心理学报, 2023, 55(5): 696-710.

[2] 朱星星. 执行功能与小学中高年级学生数学学习的关系[D]. 陕西师范大学, 2023.

学习困难学生的认知能力特点，既有着共性的体现，也包含着个性的差异，这使得他们在面对学习任务时，常常表现出不同于一般学生的反应和应对方式。

尽管面临着种种挑战，学习困难学生仍然有着巨大的发展潜力。只要我们能够深入了解他们的认知能力特点，找到适合他们的教育方法和策略，就能够帮助他们克服学习困难，实现自身的成长和进步。

第三节 基础认知能力干预对改善学习困难的必要性

学习困难学生在认知层面面临多维度的挑战，这些挑战通常体现在基础认知能力的加工上。因此，基础认知能力干预是一种以提升学生的思维和学习能力为目标的综合干预手段。它立足于学生的认知加工机制，通过一系列科学的干预措施，旨在增强学生的基础认知能力，从而有效提升学业成就。由于其显著的迁移效果和长期的维持特性，基础认知能力干预逐渐成为研究者关注的焦点。该领域的研究开拓了一种途径，通过改变学生的认知和思维模式，促进其全面发展。

通过基础认知能力干预，我们能够为学习困难学生提供更为精准的教育支持，帮助他们克服认知障碍，提升学习自信，最终实现学业上的成功和个人潜能的最大化。这种干预的实施，需要教育者深入理解学生的认知特点，制订个性化的教学计划，运用多样化的教学策略，以满足不同学生的学习需求。

一、认知干预对认知能力的积极影响

认知干预作为一种教育策略，专注于提高学生在认知子维度上的能力，以此促进学业成就的提升。在感知觉领域，研究指出通过前庭、本体感受、听觉和触觉输入，可以有效地组织和整合感知觉系统[1]。例如，Miller 在她的研究中强调了感知觉统合训练对发展性运动障碍儿童的重要性，具有挑战性和趣味性的活动，如爬平台、接近球坑、爬绳梯、跳入枕头中等，不仅能够刺激儿童的感知觉系统，也增强

---

[1] Section On Complementary and Integrative Medicine, Council on Children with Disabilities, Zimmer M, Desch L, et al. Sensory integration therapies for children with developmental and behavioral disorders[J]. Pediatrics, 2012, 129(6): 1186-1189.

他们独立参与日常活动的能力[1]。

在记忆领域，学生有良好的记忆力才能对获取到的知识进行编码加工，按照当前任务的需要将获取的知识以长时记忆或短时记忆存储在大脑中，方便后续提取[2]。Klingberg等人的研究显示，对注意缺陷多动障碍儿童进行工作记忆训练，如视觉空间工作记忆任务和矩阵任务，可以显著提高他们在工作记忆任务中的表现，并对改善其运动能力有积极作用[3]。

注意力是小学生的基本学习能力，影响学业表现。Green等人的研究探讨了视频游戏对视觉注意力的影响，发现视频游戏玩家具有不同于非玩家的视觉注意力特征，且非玩家经过视频游戏训练后，其视觉注意力得到了提升[4]。

进一步地，Gropper对学习困难学生或有注意缺陷的学生进行了工作记忆训练，包括听觉-言语和视觉-空间任务，结果表明，训练组在工作记忆的表现上有显著提升，并且效果具有持久性[5]。García-Redondo等人以观看教育视频的形式对6～16岁的学习困难学生和有注意缺陷的学生进行干预，干预时长280分钟，发现接受教育视频干预的学生在视觉注意力上有显著改善[6]。

综上所述，认知能力通过专门的认知干预和训练是可以得到提升的，这对于改善学习困难学生的认知障碍具有重要意义。这些干预不仅能够提高学生的基础认知能力，还能促进其学业表现和心理健康，为实现个性化教学和教育公平提供了有力的支持。

---

[1] Schaaf R C, Miller L J. Occupational therapy using a sensory integrative approach for children with developmental disabilities[J]. Mental retardation and developmental disabilities research reviews, 2005, 11(2): 143-148.

[2] 尚海艳. 认知能力训练对提升低年级学困生基础认知能力和学习效果的实验研究[D]. 陕西师范大学, 2022.

[3] Klingberg T, Forssberg H, Westerberg H. Training of working memory in children with ADHD[J]. Journal of clinical and experimental neuropsychology, 2002, 24(6): 781-791.

[4] Green C S, Bavelier D. Action video game modifies visual selective attention[J]. Nature, 2003, 423(6939): 534-537.

[5] Gropper R. Working memory training in college students with attention-deficit hyperactivity disorder/learning disabilities[M]. Toronto: University of Toronto Press, 2013.

[6] García-Redondo P, García T, Areces D, et al. Serious games and their effect improving attention in students with learning disabilities[J]. International journal of environmental research and public health, 2019, 16(14): 2480.

二、基础认知能力干预对学习困难学生认知能力的积极影响

（一）感知觉干预对学习困难的积极影响

针对一年级学习困难学生的个案研究显示，以感知觉和运动能力为干预目标，通过羽毛球训练进行干预，可以显著提升学生的感知觉和运动能力。研究结果表明，个案在手眼协调、视觉追踪、背景区分等感知觉能力方面取得了显著进步，同时在粗大动作和精细动作控制方面也表现出进步。这些改善不仅限于基本运动技能，如姿势控制和上下楼梯，也包括了更细微的动作技能，如使用文具和剪刀等[1]。

进一步的研究显示，对中文阅读障碍儿童进行听觉和视觉加工知觉训练，不仅能提高他们的听觉和视觉加工能力，而且训练效果还能迁移到语音意识、识字量和阅读流畅性上。这表明知觉训练对于提高特定认知功能和学业成绩具有潜在的转移效应[2]。

在数学学习困难的个案研究中，通过数学知识层面的干预和感觉统合疗法，学生的数学成绩有了明显的提升。此外，学生的课堂注意力集中程度提高，参与度与表现力增强，自信心、学习兴趣、自学能力以及学习习惯和方法均有所改善[3]。

Ayres从感知觉统合的角度对学困生进行干预，发现接受感知觉统合训练的学困生在学业上的表现要显著高于同程度的学困生和感统失调儿童[4]。熊忠贵的研究是应用感知觉特殊训练系统，对6～14岁学习困难儿童进行治疗，结果表明，治疗能显著提高儿童的综合注意力和反应控制能力，同时改善了其核心症状，提升了智商值，并在情绪行为和学习成绩上带来了积极变化[5]。

综合上述研究可以看出，无论是单一的感知觉训练还是综合性的感觉统合训练，

---

[1] 鲍学楼. 羽毛球训练对学习障碍儿童感知觉和运动能力影响的个案研究[D]. 南京体育学院, 2022.

[2] 张曼莉, 孟祥芝, 郑小蓓. 中文阅读障碍儿童的时间加工缺陷：来自知觉学习干预研究的证据[J]. 心理与行为研究, 2018, 16(5): 583-593+623.

[3] 吴雅静. 小学生数学学习困难诊断与干预的个案研究[D]. 喀什大学, 2020.

[4] Ayres A J. Improving academic scores through sensory integration[J]. Journal of Learning Disabilities, 1972, 5(6): 338-343.

[5] 熊忠贵. 儿童学习技能发育障碍感知觉特殊训练系统疗效的对照研究[C]// 湖北省儿童全面发展研究会. 湖北省儿童全面发展研究会第三届第二次学术年会论文汇编2006. [出版者不详], 2006: 20-23.

都对学习困难学生的多方面能力产生了积极的影响。这些训练不仅提升了学习困难学生的感知觉和运动技能，还促进了学业成绩的提高和非智力因素的优化，从而为他们提供了更为全面的支持。

（二）注意力干预对学习困难的积极影响

注意缺陷是学习困难学生常见的问题，通常在学龄前形成，并在小学阶段表现得尤为明显，给家长和教师带来诸多挑战。针对此问题，一系列干预措施已被开发并实施，旨在提升这些学生的注意力水平，并改善其学业表现。

简单于等人开展的注意力干预研究，通过自编训练材料对一、二年级学习困难学生进行了为期两个月的系统训练。研究结果显示，参与学生的注意力反应和稳定性得到了显著提升，且学业成绩也有了不同程度的提高，学习状态较训练前有明显改善[1]。

另一项针对学习困难学生的注意力干预研究发现，实验组学生在数学成绩上比对照组有更明显的进步。此外，实验组学生在多项注意力测试任务中的表现也比对照组有显著改善，这表明注意力训练对提升学习困难学生的数学成绩具有积极作用[2]。田冬梅的研究进一步探讨了注意力训练课程与家庭指导相结合的干预模式。结果表明，这种混合干预方式对改善小学生的注意力问题更为有效，尤其是对冲动和多动行为的干预效果更为显著[3]。乒乓球训练作为一种注意力干预手段，也被证实能显著提高小学四年级学生的注意力集中性、稳定性和警戒性水平，并且这种训练还能显著提升学生的语文和数学成绩[4]。曾桂香等人的研究则关注了视觉和听觉注意力干预对学习困难学生学习技能和心理社会功能的影响。研究结果显示，经过干预，学生在这些领域的表现都有了显著提升[5]。

整体而言，注意力干预对于提升学习困难学生的注意力水平、学业成绩以及心

---

[1] 简单于,赵雪,贾敏畦,等.小学学习困难儿童注意力缺陷干预研究[J].家长,2021 (25): 53-54.
[2] 许光念.昭阳区某小学学习困难学生注意力干预研究[D].云南师范大学,2021.
[3] 田冬梅.注意力训练课程与家庭指导混合干预对小学生注意力影响研究[D].华中师范大学,2021.
[4] 蔡曜徽.我在无效努力?[D].华中师范大学,2021.
[5] 曾桂香,王红,阎利,等.改善视觉、听觉注意力对学习障碍儿童学习技能及心理影响[J].浙江临床医学,2016,18(1): 121-122.

理社会功能具有重要作用，特别是将注意力训练与家庭指导相结合的干预模式，能够取得更为明显的改善效果。

（三）记忆力干预对学习困难的积极影响

记忆力干预，尤其是针对工作记忆的训练，已被证实对各类学习困难学生具有显著改善效果。

在对汉语阅读困难儿童的研究中，工作记忆干预不仅显著提高了儿童的工作记忆能力，还对其他认知能力产生了积极的迁移效应。沈成威的研究指出，工作记忆的改善对阅读障碍儿童在Stroop任务中的表现有显著的正向影响，且这种改善能够促进其他认知功能的提升[1]。李静雅的研究通过视觉工作记忆训练，证实了训练能够提高儿童的视觉工作记忆能力[2]。骆艳的研究进一步表明，工作记忆训练不仅能提升阅读障碍儿童在视觉空间和言语工作记忆任务以及中央执行功能上的表现，还能改善他们的押韵任务完成度和阅读流畅性，从而证实工作记忆是影响阅读发展的关键因素[3]。吴婧怡的研究指出，中央执行功能的干预，作为工作记忆的一个子成分，对提升小学生的语文阅读成绩具有积极作用[4]。

在对数学学习困难学生的干预中，贾兰芳提出通过改善工作记忆容量、减少无关信息干扰、调整教学内容和运用多媒体教学手段等方法，可以有效改善学生的工作记忆容量、语音环路、视觉空间模板和中央执行系统[5]。康丹等人的研究发现，数学游戏训练可以提高儿童的数学能力，而工作记忆训练则可以同时提高儿童的工作记忆能力和数学能力[6]。左依凡的研究则强调了视觉工作记忆在小学低年级数学学习困难学生数学运算能力上的重要作用，并指出教师应重视对学生工作记忆的训

---

[1] 沈成威.汉语发展性阅读障碍儿童Stroop任务的ERP研究以及工作记忆干预研究[D].贵州医科大学, 2023.

[2] 李静雅.汉语阅读困难儿童视觉工作记忆特点及干预研究[D].济南大学, 2020.

[3] 骆艳.汉语发展性阅读障碍儿童工作记忆研究及干预效果评价[D].华中科技大学, 2012.

[4] 吴婧怡.中央执行功能的促进对小学生语文阅读能力提升的实验研究[D].青海师范大学, 2024.

[5] 贾兰芳.数学学习困难学生工作记忆特点及教学干预[J].绥化学院学报, 2017, 37(7): 110-112.

[6] 康丹, 李飞燕, 文鑫, 等.5~6岁潜在数学学习困难儿童数学和工作记忆的4周游戏训练效果[J].中国心理卫生杂志, 2018, 32(6): 495-501.

练，尤其是视觉工作记忆的干预，以优化教学策略，促进学生数学运算能力的提升[1]。

总体而言，记忆力干预，特别是工作记忆的系统训练，对学习困难学生在多个学习领域具有显著的改善效果。这些干预不仅提升了学生的工作记忆能力，还促进了其他认知功能的发展，从而在学业成绩和心理社会功能上带来了积极的变化。

（四）执行控制功能干预对学习困难的积极影响

执行控制功能，包括抑制控制、工作记忆和认知灵活性等子成分，对小学儿童的数学能力具有显著影响。研究表明，通过专业设计的干预训练可以有效提升儿童的执行功能水平，进而间接提升其数学能力。

郑昊婕的研究指出，通过科学的干预训练，不仅可以提高小学生的执行功能，还能在一定程度上提升其数学能力[2]。王丽丹通过认知训练和体感游戏等多元教育方式对数学学习困难学生的计划和执行控制功能进行干预，结果显示，干预后学生在计划、工作记忆、抑制控制和认知灵活性方面均有显著提升[3]。

王文宇的研究发现，短时有氧运动能够提高数学学习困难儿童的执行功能，并且这种效果在运动后一周内仍可维持[4]。任偲的研究则表明，数学学习困难学生和优秀学生通过执行功能干预后，不仅执行功能得到提升，流体智力和数学能力也有所提高[5]。刘亚晴的研究是针对小学三年级数学学习困难学生进行执行功能干预，结果显示，干预可以提高学生的工作记忆能力、抑制控制能力和认知灵活性，从而促进数学问题解决能力的改善[6]。康丹的研究则发现，对5～6岁数学学习困难儿童进行6个月的干预后，执行功能干预组儿童在工作记忆和数学能力上均有显著提高[7]。

此外，李伟对学龄前ADHD儿童进行执行功能干预，发现干预后儿童的执行

---

[1] 左依凡. 小学低年级数学学习困难学生视听觉工作记忆与数学运算的关系研究[D]. 华东师范大学, 2022.
[2] 郑昊婕. 执行功能的促进对儿童数学能力提升作用的实验研究[D]. 青海师范大学, 2024.
[3] 王丽丹. 小学数学学习困难儿童计划和执行功能的特点与教学干预研究[D]. 湖州师范学院, 2022.
[4] 王文宇. 短时有氧运动对数学学习困难儿童执行功能的影响[D]. 济南大学, 2023.
[5] 任偲. 数学学习困难学生执行功能特征及干预研究[D]. 上海师范大学, 2018.
[6] 刘亚晴. 三年级小学生执行功能与数学问题解决的关系及其促进研究[D]. 河北大学, 2019.
[7] 康丹. 对5~6岁数学学习困难儿童教育干预的研究[D]. 华东师范大学, 2015.

功能和行为问题有所改善[1]。余婷婷的研究则表明，以篮球运动为主的干预方案对学习困难小学生的执行功能产生积极影响，尤其是刷新和转换功能，并且能有效提高学业成绩[2]。

综上所述，执行控制功能干预对学习困难学生的能力改善具有积极作用，尤其对数学学习困难学生在数学能力上的提升效果显著。然而，针对语文学习困难（阅读困难）学生的执行控制功能干预的研究相对较少，未来可进一步研究探讨其对改善语文学习困难的影响。

三、基础认知能力干预对学习困难学生学业成绩的积极影响

学生的认知发展与其学习过程紧密相连，认知加工的各项具体能力均对学习成效有着显著影响。对于认知能力发展相对滞后的学生，进行科学严谨的认知干预显得尤为关键。

（一）基础认知能力干预对学习困难学生语文学业成绩的积极影响

学者们基于认知加工理论，如 PASS 模型，设计了多种干预训练方案，旨在提升汉语发展性阅读障碍儿童的言语认知能力。

赵英的研究表明，经过 PREP（PASS 阅读促进方案）的认知干预训练，儿童在阅读理解、正字法、语素意识和语音意识方面取得了显著进步，有效缓解了阅读困难[3]。张晴也基于 PASS 理论的五项认知能力（数字推理、图形推理、异类鉴别、情景认知、记忆策略）对学困生的阅读理解能力进行了干预训练，结果显示，学困生在语法学习乃至阅读理解上都有明显进步[4]。宋怡在对汉语阅读障碍小学生的干预研究中，采用了认知干预、识字策略干预、阅读流畅性与阅读理解干预、家长教养方式干预等多元干预手段，结果显示，干预组学生在识字量、阅读流畅性、阅读

---

[1] 李伟. 学龄前注意缺陷多动障碍儿童的执行功能干预与其父母情绪状况的相关研究[D]. 上海交通大学, 2019.
[2] 余婷婷. 篮球运动干预对学习困难小学生执行功能及学业成绩影响的实验研究[D]. 扬州大学, 2017.
[3] 赵英. 汉语发展性阅读障碍儿童的认知干预研究[D]. 河南师范大学, 2021.
[4] 张晴. 学困儿童阅读理解能力特征及基于PASS理论的认知干预策略研究[D]. 华东师范大学, 2017.

理解、词汇、口语表达等方面均有了较大的进步，语文学业成绩也有所提高[1]。

（三）基础认知能力干预对学习困难学生数学学业成绩的积极影响

康丹和李佳佳的研究基于 PASS 模型，对潜在数学学习困难儿童进行了干预，发现干预后儿童在游戏中的坚持性提高，PASS 认知能力和数学能力均有显著进步[2]。宋文宣也基于 PASS 理论对数学学习困难儿童进行干预，采用认知干预、学业干预、非智力因素干预手段。干预后被试学生的数学成绩得以提高，对学习数学的态度有所转变，对自身的评价更为准确。具体说来，学生的注意力水平、自我监控水平、认知水平相比干预之前都有所提高，对问题逐渐形成表征策略，解题也具备一定的认知策略，对知识点的记忆和复述能够选择良好的信息加工方法，对数学问题的思考更具计划性[3]。

（四）基础认知能力干预对学习困难学生英语学业成绩的积极影响

基于 PASS 理论的认知干预对英语学困生英语成绩的提高有所助益。陈瑾等人设计了基于 PASS 理论模型的阅读促进方案，对 3~6 年级英语学困生进行为期 12 周的认知干预。任务包括同时性加工任务（路径追踪、搭配设计、形状设计）和继时性加工干预任务（字母连线、图形连接、窗口序列），且每一项任务都包含普遍任务和过渡任务。结果显示，实验组的英语成绩有显著提高，且与对照组形成显著差异[4][5]。吴珂采用认知干预和非认知干预、环境干预等多种干预策略对七年级农村英语学困生进行转化，结果显示，干预组学生的英语成绩得到有效改善，优秀率上升 10%，及格率上升 20%[6]。

大量关于元认知干预与学困生英语学业改善情况的研究表明，学困生的元认

---

[1] 宋怡. 小学三年级学生汉语阅读障碍发生率及干预研究[D]. 鲁东大学, 2016.
[2] 康丹, 李佳佳. 基于 PASS 模型对潜在数学学习困难儿童干预的个案研究[J]. 教育导刊(下半月), 2021(1): 43-48.
[3] 宋文宣. PASS 理论在数学学习障碍干预研究中的应用[D]. 上海师范大学, 2017.
[4] 陈瑾, 赵微, 刘贵雄. 3~6 年级英语学困生的认知干预研究[J]. 中国特殊教育, 2014 (4): 41-47.
[5] 陈瑾. 小学生英语学习困难的认知加工机制及干预研究[D]. 陕西师范大学, 2009.
[6] 吴珂. 农村英语学困生转化研究[D]. 中南民族大学, 2021.

知水平可以通过训练得以提高，元认知干预还可以促进英语学习困难学生成绩的提高[1][2][3]。

（五）基础认知能力干预对学习困难学生其他方面的积极影响

陈美娣等人采用家庭、学校教育和心理辅导的综合干预方法，显著提高了学困生的自信心、求知欲以及语文和数学学业成绩[4]。可见，综合干预是改善小学生学习困难的有效措施[5]。林国珍等人的研究也证实了综合干预对学生学习动机、学习期望、意志力和学习方法的积极影响[6]。谭峰、李瑾利用学校干预、教师干预、家庭干预、学生个性化训练等综合干预策略以三级"干预—应答"模式促进学困生转化，在对学困生个体训练一段时间后，这些学生的学习态度、注意能力、专注性、行为控制、家庭关系、师生关系都发生了显著变化[7]。

张渝成等人也认为学校—家庭—心理—教育综合干预模式更有利于改善学困生的学习动机，提高学习适应性，开发学习潜能，优化学习心理，适应学校环境[8]。

综上所述，基础认知能力干预对学习困难学生的学业成绩具有显著的改善作用。开展学习困难学生的基础认知能力干预不仅可以帮助他们掌握有效的学习策略和技巧，防止他们出现更严重的问题，也可以为他们在学校的学习提供支持和指导，帮助他们建立良好的学习习惯和策略。因此，我们应凝聚各方力量，学校、家庭、社会密切配合，取长补短，将补偿与补救相结合，为学习困难学生的健康发展营造良好的环境。

---

[1] 田素玲. 初中英语学业不良学生元认知缺陷教学干预[D]. 山东师范大学, 2010.

[2] 顾兆彦. 情绪智力对小学英语学业成绩的影响: 元认知的中介作用及干预[D]. 西北师范大学, 2021.

[3] 周莉. 元认知干预训练对小学随迁儿童心理健康和英语学业成绩的影响[J]. 教育生物学杂志, 2020, 8(4): 257-261.

[4] 陈美娣, 瞿正万, 古嘉琪, 等. 小学生学习困难类型及其综合干预效果的再评估[J]. 中国心理卫生杂志, 2004, 18(1): 13-15.

[5] 陈美娣, 瞿正万, 顾立铭, 等. 小学生学习困难综合干预研究[J]. 中国心理卫生杂志, 2001, 15(1): 63-64.

[6] 林国珍, 徐旭东, 任致群, 等. 综合干预对学习困难学生的学习适应性的影响[J]. 国际精神病学杂志, 2010, 37(3): 137-140.

[7] 谭峰, 李瑾. 小学学困生综合干预的探索[J]. 中小学教材教学, 2020(6): 71-74.

[8] 张渝成, 吴正吉, 黄祖春, 等. 学习困难学生的心理特征及综合干预研究[J]. 重庆医学, 2010, 39(18): 2433-2435.

第三章 小学生基础认知教育活动课程研制的实践研究

小学阶段，特别是一、二年级，是儿童认知能力迅猛发展的黄金时期。通过早期识别学生的认知发展障碍并采取干预措施，不仅可以显著提升学习成效，还能对学生的长期学业发展、心理健康、社会认知以及情绪情感产生深远的正面影响。

本章旨在深入探讨小学低年级学习困难学生的认知特性，并评估全面认知能力干预对改善这些困难的效果。基于前两章的理论，本章将结合实际教学经验，论述一套符合小学低年级学生身心发展特点的基础认知教育活动课程。此外，本研究还将在学校环境中对不同学生群体实施认知能力干预，以进一步探究基础认知能力训练在提升学习困难学生认知能力方面的重要作用。通过这一实践研究，我们期望为教育工作者提供一套科学、系统的认知能力提升方案，以促进学生全面发展。

第一节 基础认知教育活动课程中的认知能力选取

一、小学一、二年级学生早期干预的必要性

根据儿童心理发展的阶段性理论，七八岁儿童正处于认知发展的关键时期。在这一时期进行早期干预，能够最大限度地激发儿童的心理潜能，促进其认知能力的加速发展。国内学者对小学低年级学习困难学生的教育干预研究已取得积极成果。例如，戴育红等人通过小组辅导形式对三年级学习困难学生进行为期半年的学习心理辅导，从学习策略、学习方法和师生关系等十个方面进行干预，取得了显著效果[1]。

---

[1] 戴育红, 蔡达昌, 陈汉祯, 等. 对学业不良学生进行小组辅导的实验研究[J]. 心理科学, 2004, 27(1): 229-231.

佟月华的研究是将60名学习障碍儿童随机分为实验组与控制组，探讨团体干预在提高学习障碍儿童情绪理解能力方面的效果，结果表明，实验组儿童的情绪理解能力得到了显著提升[1]。

此外，还有一些学者专门针对学习困难的亚型进行了干预措施的探索。李静对两名有阅读障碍的幼儿实施阅读干预，针对其存在的语法感知、视觉辨别能力、故事理解等方面的困难给予矫正治疗，发现干预措施能够在一定程度上缓解甚至改变阅读障碍儿童的阅读能力[2]。郝慧颖采取小样本ABC实验设计对数困生进行相应的教学干预，学生的具体策略和元认知策略能力均得到了有效增强，同时也提高了其学习数学应用题时的情感策略[3]。

综合来看，儿童早期的认知发展不仅能够预测其未来的学业成绩，而且与其在阅读、科学等其他学习领域的表现密切相关。如果不采取干预措施，学习困难学生的发展水平将与同龄人的差距日益扩大[4]。因此，等到小学高年级阶段再对这些学生进行关注，可能已经错过了最佳的干预时机。早期干预不仅有助于缩小学习困难学生与同龄人之间的差距，而且对于促进其全面发展具有重要意义。

二、CHC理论中一般认知能力与小学一、二年级学生学业发展的关系

CHC理论为评估学习困难学生的认知能力提供了一个理论框架，对于指导教育干预和确定个体间的认知差异具有重要意义。本研究基于CHC理论模型，专注于小学一、二年级学生的基础认知能力，并探讨这些能力与学业成绩之间的联系。此外，本研究还分析了学习困难学生在基础认知能力方面的特点，并依据CHC理论框架，开发了一套课程资源，旨在对小学低年级学习困难学生进行有效干预。

通过对现有研究的梳理，CHC理论框架下有十个认知指标，PASS理论框架包括四个指标，信息加工理论包含十个关键要素，本研究在这三种理论的综合指导下，

---

[1] 佟月华. 团体干预对学习障碍儿童情绪理解的影响[J]. 中国临床心理学杂志, 2011, 19(3): 110-113.

[2] 李静. 幼儿阅读困难个案研究[D]. 南京师范大学, 2003.

[3] 郝慧颖. 小学数困生应用题学习策略的特点及干预研究[D]. 山西大学, 2007.

[4] Morgan P L, Farkas G, Wu Q. Kindergarten children's growth trajectories in reading and mathematics: Who falls increasingly behind? [J]. Journal of Learning Disabilities, 2011, 44(5): 472-488.

结合课堂观察，选取了与小学学业成绩高度相关的多个认知能力指标，包括 PASS 理论中的计划编码，CHC 理论框架下的加工速度、数量知识、流体智力、视觉加工、工作记忆、长时记忆提取以及结合信息加工理论和小学生课堂观察提取的听觉注意力。这些指标被用来探究基础认知能力是如何影响小学生的学业成绩的。

本研究的目标是通过系统的基础认知能力干预，提高小学低年级学生的学业成绩和课堂学习效果，进而提高学习适应能力。本研究的干预措施旨在通过科学的课程设计，针对学习困难学生的认知特点，提供个性化的支持，以促进其学业发展和整体学习能力的提升。通过这一过程，我们期望为教育工作者提供实证基础，帮助他们更有效地识别和支持学习困难学生，实现教育公平和学生个体发展的最大化。

具体研究过程如下。

1. 被试选取

随机抽取西安市某小学一、二年级各四个班的学生，排除未能全程参加测验的学生，共计被试 281 人。被试在进行认知能力测验时的年龄在 74 个月到 108 个月之间。

研究采用张厚粲 1985 年修订的瑞文标准推理测验作为智力的测量工具，采用吴汉荣教授修订的《中国小学生数学基本能力测试量表》中的逻辑思维能力分测验作为流体智力的测量工具，采用《中国小学生数学基本能力测试量表》中的数学运算能力分测验作为数量知识的测量工具，采用 WJ-III COG 中的快速命名（Rapid Naming）分测验作为工作记忆的测量工具，采用《中国小学生数学基本能力测试量表》中的空间-视觉功能分测验作为视觉加工的测量工具，采用发展性神经心理测验（A Developmental Neuropsychological Assessment）中的听觉注意分测验作为听觉加工的测量工具，采用进行了本土化调整的 WJ-III COG 视觉-听觉学习（Visual-auditory learning）分测验作为长时储存和提取的测量工具，采用 WJ-III COG 中的配对图画删除测验作为加工速度的测量工具，采用由 Das 和 Naglieri 等人编制的 DN:CAS 认知评估系统（标准版）中的计划分量表作为计划编码的测量工具，选取西安市某小学一、二年级各四个班的期中与期末考试成绩作为学业成绩的测量工具，对 281 名被试进行认知能力测试。

2. 各项认知能力与数学、语文学业成绩的相关程度

对 CHC 各项认知能力得分与学生数学、语文学业成绩进行相关分析，结果如下表所示：

表 3.1 各项认知能力得分与数学、语文学业成绩的相关性

	语文	数学	计划编码	加工速度	数量知识	流体智力	视觉加工	工作记忆	长时提取	听觉注意
语文	1									
数学	.608**	1								
计划编码	.121	.049	1							
加工速度	.162**	.022	.527**	1						
数量知识	.218**	.160*	.543**	.446**	1					
流体智力	.254**	.243**	.415**	.309**	.664**	1				
视觉加工	.196**	.137*	.508**	.448**	.688**	.694**	1			
工作记忆	−.225**	−.155**	−.309**	−.171**	−.202**	−.149*	−.192**	1		
长时提取	.300**	.157*	.229**	.095	.256**	.266**	.241**	.140*	1	
听觉注意	.195**	.040	.144*	.037	.214**	.188**	.215**	.160**	.160**	1

* 代表 p<0.05，** 代表 p<0.01。

为进一步探讨 CHC 各项认知能力对小学生数学、语文学业成绩的预测作用，研究以各项认知能力为自变量，分别以数学和语文成绩为因变量，进行回归分析，结果如下表所示：

表 3.2 各项认知能力对小学生语文学业成绩的影响

进入变量	R^2	B	SE	Beta	t
长时提取	0.090	.150	.037	.232	4.009**
工作记忆	0.034	−.031	.011	−.167	2.971**
流体智力	0.026	.065	.022	.168	2.895**

* 代表 p<0.05，** 代表 p<0.01。

表 3.3 各项认知能力对小学生数学学业成绩的影响

进入变量	R²	B	SE	Beta	t
流体智力	0.059	.044	.012	.225	3.854**
工作记忆	0.014	−.012	.006	−.121	2.074*

* 代表 p<0.05,** 代表 p<0.01。

从 CHC 认知能力与语文成绩的关系来看，表 3.1 表明，除计划编码外，其他认知能力得分与语文成绩存在显著相关关系。其中，只有工作记忆与语文成绩呈显著的负相关，其他认知能力均存在显著的正相关关系。在各项认知能力中，长时提取和语文成绩的相关性最高，其次是流体智力、工作记忆和数量知识。

表 3.2 进一步表明，各项认知能力中，长时提取、工作记忆、流体智力三个变量对语文成绩构成显著的回归效应，三者共同解释了低年级小学生语文成绩的 14.3% 的变异量。其中，长时提取可以单独解释 9% 的变异量。

从 CHC 认知能力与数学成绩的关系来看，表 3.1 表明，认知能力得分中，各项工作记忆与数学成绩之间同样存在显著的负相关关系，数量知识、流体智力、视觉加工、长时提取和数学成绩存在显著的正相关关系。在各项认知能力中，流体智力与数学成绩的相关性最高。

表 3.3 进一步表明，各项认知能力中，流体智力、工作记忆对数学成绩构成显著的回归效应，二者共同解释了低年级小学生数学成绩的 7.4% 的变异量。其中，流体智力能够解释 5.9% 的变异量。

根据表 3.2 和表 3.3 的研究结果，流体智力和工作记忆对小学低年级学生的语文和数学学业成绩都构成显著的回归效应，能够部分预测学业成绩。

综上所述，计划编码、加工速度、数量知识、流体智力、视觉加工、工作记忆、长时提取以及听觉注意是对小学低年级学生进行干预训练需要考虑的重要维度。

三、普通学生与学习困难学生在 CHC 维度上的发展差异

第二章中分别阐述了普通学生与学困生的认知发展特点，在编制课程资源前，我们选择在 CHC 各因子框架下对这两类学生进行差异分析，其一，是为了进一步

确定针对学习困难学生编制认知课程资源的重要维度，其二，为了保证课程资源的适切性以及实用性。

主要研究过程如下。

选取上述 281 名全体被试中存在学习困难的学生。以最近连续三次的考试成绩均落后于年级水平 1.5 个标准差，智力正常，且班主任评价无任何残疾等其他方面的障碍作为"学困组"的筛选标准，在其余学生中随机抽取相同数量的普通发展学生作为普通组。最终选取学困组学生 22 人，普通组 22 人。两组学生在性别、年龄上不存在显著差异。

使用上述实验材料对两组学生进行认知能力测试，以组别为分组变量，以各项认知能力以及语文、数学成绩为检验变量，进行独立样本 T 检验，考查学困组和普通发展组在各项认知能力上的差异，结果如下表所示：

表 3.4 学困组与普通发展组学业成绩和各项认知能力独立样本 T 检验（N=44）

学业成绩和各项认知能力	组别	M	SD	t	p
语文	普通组	96.95	2.59	4.833	.000
	学困组	80.45	15.80		
数学	普通组	97.73	1.78	6.308	.000
	学困组	90.14	5.36		
计划编码	普通组	52.14	18.47	1.710	.095
	学困组	41.74	21.72		
加工速度	普通组	54.32	15.82	2.387	.022
	学困组	43.63	13.83		
数量知识	普通组	35.14	19.57	2.231	.032
	学困组	24.37	11.38		
流体智力	普通组	40.00	11.46	4.709	.000
	学困组	22.26	13.46		
视觉加工	普通组	44.77	15.97	2.272	.028
	学困组	34.48	14.01		
工作记忆	普通组	165.09	33.15	−2.823	.007
	学困组	196.05	39.31		
长时提取	普通组	83.23	7.45	2.322	.025

续表

学业成绩和各项认知能力	组别	M	SD	t	p
	学困组	75.00	14.86		
听觉注意	普通组	90.32	9.53	1.270	.211
	学困组	86.06	12.53		

p<0.05 代表显著水平，p<0.01 代表极显著水平。

结果发现，除计划编码和听觉注意与普通发展学生之间不存在显著差异，学困生在加工速度、数量知识、流体智力、视觉加工、工作记忆、长时提取等认知能力任务中的得分均显著低于普通发展学生，这说明学困生的认知能力缺陷可能是造成其学业成绩落后的认知因素。

就加工速度而言，学习困难学生与普通发展学生在加工速度上存在显著差异。学习困难学生的加工速度较慢，在接收和处理问题时不能及时更新或提取新旧知识，间接导致学业落后。

就数量知识而言，学习困难学生与普通发展学生在数量知识上存在显著差异。相关研究表明，小学低年级儿童的认知能力发展水平和数学能力的发展显著相关，且数学学习困难学生在数数、数量关系和数量操作能力上的发展落后于普通发展儿童。

就流体智力而言，学习困难学生与普通发展学生在流体智力上存在显著差异。流体智力是思维能力中的一种，在数学和语文成绩中都有重要的预测作用。流体智力涉及推理、使用不熟悉的程序解决问题等思维活动过程。在小学阶段数学问题解决、找规律、语文阅读等任务均与流体智力密切相关。

就视觉加工而言，学习困难学生与普通发展学生在视觉加工上存在显著差异。书写、阅读、图形学习等过程中包含了复杂的视觉加工，而视知觉对语言和数学学习起着关键作用。

就工作记忆而言，学习困难学生与普通发展学生在工作记忆上存在显著差异。学习困难学生存在工作记忆缺陷，已经被很多研究证实，有的研究把阅读障碍儿童划分为快速命名缺陷型、语音缺陷型等亚类型[1]，说明快速命名缺陷在阅读障碍儿童中普遍存在。阅读障碍儿童的快速解码能力差，速度低，从而影响阅读的流畅性和理解程度。

---

[1] 刘文理, 刘翔平, 张婧乔. 汉语发展性阅读障碍亚类型的初步探讨[J]. 心理学报, 2006(5): 681-693.

就长时提取而言，学习困难学生与普通发展学生在长时提取上存在显著差异，这一结果支持了 Deny 等人的研究结果[1]。焦永国在 CHC 理论框架下考查学困生和学习优秀儿童在认知能力上的差异性，结果发现数学学习困难学生在包括长时记忆与提取在内的六个广泛认知能力上均与数学学习优秀儿童存在显著差异。

就计划能力（表内"计划编码"测查的能力）和听觉注意而言，学习困难学生与普通发展学生在计划能力和听觉注意上不存在显著差异。计划能力属于高级认知加工能力，涉及对整个认知加工过程的监控与调节，可能在小学阶段发展较晚。

在听觉注意方面，焦永国研究发现，三至六年级学困生与学优生在 CHC 的七个广泛认知能力中仅在听觉注意上不存在差异[2]，这与以上结果相符。这在一定程度上说明了注意缺陷可能不是导致学困生学业成绩落后的直接原因，而主要原因在于加工速度较慢，数量知识和逻辑推理、视觉加工能力发展落后，记忆力水平相对较低。因此，在对待学困生时，单纯认为他们的学习成绩差是由于注意力不集中、学习缺乏计划性，这是不恰当的，应该在教育教学中注意提高学困生的认知加工速度，注重对学生逻辑推理能力和视觉加工能力的训练，并有意识地引导学生利用联想、组织等策略提高记忆效率，扩大记忆容量。

由此，根据普通发展学生与学习困难学生的认知差异，再次将基础认知教育活动课程资源的编制维度精准化，增添数量知识，为了弥补学生在早期数学能力发展上的滞后，将流体智力在宏观意义上抽象为问题解决、逻辑推理、空间关系的能力，形成由数量知识、逻辑推理、数学加减、问题解决、空间关系组成的数学认知维度，训练学生在早期数学能力上的发展。

综合以上研究结果，形成注意力、工作记忆、加工速度、数学认知四大模块。

四、课堂观察中常见的小学低年级学生认知能力问题

本研究通过课堂观察和对家长及教师的深入访谈，系统性地识别和分析了小学

---

[1] Menghini D, Carlesimo G A, Marotta L, et al. Developmental dyslexia and explicit long-term memory[J]. Dyslexia, 2010, 16(3): 213.

[2] 焦永国. 基于 CHC 理论的小学数学学习困难儿童认知能力研究[D]. 陕西师范大学, 2011.

低年级学生在学习过程中常见的认知能力问题，为编制基础认知教育活动课程提供了实证基础。

（一）视觉加工能力不足

学习过程中包含了复杂的视觉加工，视知觉是语言和数学学习的关键技能，视觉加工能力与孩子认知到的文字笔画、图像位置与构成等有密不可分的关系，视觉加工能力发展落后的学生对图形、字符空间位置等细节的分辨能力较弱。经常出现左右部首写反、上下颠倒、字母 b 和 d 不分或者朗读的时候出现读错行、错字漏字的状况。这些问题是由于他们无法对知觉到的视觉信息进行空间位置的加工，从而造成了混淆空间关系的现象，而不是由于他们的视力不良。学习困难学生常出现阅读时读错、漏读、跳读或跨行、漏行或重复某一行等视觉信息处理的困难。

（二）注意稳定性差

小学生尤其是低年级阶段的学生，在课堂上容易受到无关事物的干扰，桌上的铅笔、橡皮、尺子，窗外操场上的声音，都可能引起他们的注意。在课余自由活动时，参与各种各样的活动，但是难以在一种活动上坚持较长的时间；即使是自己感兴趣的图画或动画片，也很难从头到尾安静地看下来。尤其是学习困难学生，注意力极易分散，主要表现在注意的选择性差、持久性差和冲动性这三个方面，具体表现有以下几点。

- 上课时，一听到其他的声音或一些细微的声音就容易转移注意力。
- 课堂上，经常坐不住、乱动无关物品或者和旁边同学讲话。
- 在听课或做作业时，容易出现"走神"或者小动作的现象。
- 无法长时间保持专注，很快就会感到疲倦或者失去兴趣。
- 需要花费更多时间来完成学习任务，不能同时处理多个信息。
- 当学生的情绪不稳定时，注意力会更加难以集中。

（三）缺少计划能力

学校中有相当一部分小学生不能有意识地对学习生活提前进行自我规划，缺乏学习的主动性。一些学生虽然大体知道自己需要完成什么样的学习任务，但对于任务主次、如何合理地安排时间和步骤缺乏一定的认知，难以利用有效的方式进行学习，无法对行为进行调节和控制，学习效率低下。例如，进行含有简便算法的连加运算时，学习困难学生往往从头逐个进行加法运算，而不考虑是否可以找到其中的数字规律进行简便运算。

（四）工作记忆与长时记忆能力发展不足

工作记忆与长时记忆作为记忆力的两种不同类型，这些方面的缺陷都是影响学生学习效果的重要因素。学习困难学生的记忆容量偏小，倾向于机械记忆，缺乏明确的记忆目的，无法根据记忆内容灵活选取恰当的记忆策略。这类儿童的具体问题表现在记东西慢，记得不牢，容易遗忘，很难记住抽象的概念，心算能力差，阅读时读到后面忘了前面，或者读完一段话回答问题时又要回头反复看；从长时记忆中提取信息的速度也明显慢于普通发展学生。

具体的表现有以下几点。

- 对老师讲的多个步骤或指令难以同时记住。
- 学生可能很快忘记刚学习的内容，需要频繁复习。
- 理解和运用知识有困难，很难将学到的概念应用到新的情境中。
- 容易受到外界干扰而忘记正在记忆的内容。
- 记忆容量小，可能需要花费更多时间来掌握或记住学习内容。
- 在句子、声音、符号和图片的记忆上存在困难。

（五）加工速度缓慢

在小学低年级，加工速度发展缓慢的孩子的主要表现有以下几点。

- 在做作业、课堂练习或考试时，可能需要较长时间才能完成。
- 可能难以跟上课堂节奏，错过重要内容。
- 写字或做笔记的速度可能较慢，影响学习效率。
- 在参与课堂互动或回答老师问题时，可能需要更多时间来反应。
- 对于一些限时任务，可能会超时完成。

（六）数感发展不良

在小学低年级，数学认知发展缓慢的孩子主要表现有以下几点。

- 对数字和数量不"敏感",如很难把数字和数量对应在一起,数数困难,较难准确地解决数量大小问题。
- 学习以后,仍然不能回忆基本的数学知识(如乘法表)。
- 不能把口中说的数字和看到的数字对应到数量上面。
- 对于心算和应用题的解决有困难。
- 在视觉空间或者视知觉上有问题,方向辨别不清。

(七)入学不适应

有许多孩子在刚进入小学时就厌学、上课总管不住自己、不会遵守课堂纪律、自理能力差、不会和同学相处,等等,这些问题出现的原因都可以归结为入学适应不良,或者学生未达到入学水平。由于儿童在进入小学前的生理成熟度与心理成熟度各不相同,因此他们入学后的表现存在很大差异。

综上所述,在理论研究的基础上,结合专业人员的进班跟课观察、教师访谈等方式,最终形成注意力、工作记忆、加工速度、数学认知以及计划能力五大维度。虽然计划能力是综合能力且难以训练,但是从早期干预的角度让学生在熟悉的生活情景中锻炼解决问题的能力也是重要的训练内容,并且综合课堂观察的结果,发现大量低年级学生在如今的学习生活中缺乏解决问题的能力与条理性,故增添计划能力维度。

第二节 基础认知教育活动课程的研制过程

为了开发符合低年级学生认知能力发展的材料,就需要根据儿童的特点和能力确定研制学习材料的基本原则。

一、基础认知教育活动课程的编制原则

(一)符合儿童认知发展水平

依据皮亚杰的儿童认知发展阶段论,初入小学的儿童(6岁)正处在由前运算

阶段向具体运算阶段的过渡时期，此时儿童在解决问题时仍需要借助身边具体的事物或场景。因此，在编制课程资源时，应尽量选取学生熟悉的具象物体，在此基础上可以引导学生进行初步的逻辑推理。每一个用来提升认知能力的课程资源应设有恰当的难度梯度，在学生的最近发展区内进行有效教学。

在课程资源的编写中，使用大量与孩子的生活经验相关联的卡通人物，例如，在加工速度的训练中采用彩色的图片－简单的字母与数字－复杂的文字这样难度层次分明、从直观到抽象的方式，顺应学生的认知能力发展。

（二）与教材内容嵌合

"寓教于乐"是一种将学习内容嵌入到有趣的教育活动中的教育形式，在游戏训练中融入学生相应所学的语文、数学基础知识，如文字、诗句、图形、计算等，能够提高认知能力并减少迁移负担，让学生在轻松的氛围中巩固所学知识。因此，编写者应熟悉小学生教材或其他工具书中的内容，在设计课程时有意识地选取需要学生掌握的知识，这些知识可以是学生已经学过但掌握程度不太好的，也可以是即将要学习的。以舒尔特方格训练注意力为例，方格中呈现的可以是一首打乱的古诗，这首诗已经学过，学生要根据记忆将诗中的字按顺序找出，这既要求学生能够对古诗熟练背诵，又要求他们能够正确再认诗中的汉字，这对于学生知识的掌握起到了良好的巩固作用。

（三）多感官输入

在课程材料的呈现方式上，要充分利用学校教育资源，探索多种呈现形式，通过图片、视频、音乐、运动等方式调动学生的视觉、听觉、触觉等多种感觉。在实际训练中，教师还应关注学生的个别化差异，注重学生优势通道如视知觉的利用，进一步提高训练效果。

例如，在文本查找的活动中，既可以利用视觉刺激让学生逐行查找目标词，也可以让学生闭上眼睛利用听觉刺激，从而提升注意力品质。

（四）游戏活动化

在课程材料的形式展现上基于活动化与游戏化，让孩子们在有趣的图片、游戏中，以及与同伴合作的过程中提高认知能力，所以课程材料的选材上也是基于学生的生活经验，增强共鸣，这样才能更好地培养学生联系生活实际、运用知识解决问题的意识和能力。

例如，反应游戏由易至难进行，从起初让学生指出单个部位，进而变成连续指出三个部位。让学生感受到挑战性与兴趣，在活动中提升反应速度，增强参与度。

二、课程资源的研制流程

课程资源编写历时一年，最终形成"挑战学习困难"丛书实操分册，按年级和使用对象划分为《小学一年级认知教育活动（教师用书）》《小学一年级认知教育活动（学生手册）》《小学二年级认知教育活动（教师用书）》《小学二年级认知教育活动（学生手册）》，分别简称《教师用书》《学生手册》，每本书都按学期分为上、下册。

《教师用书》是教师开展认知能力训练时使用的材料，包括认知教育活动设计原理和使用指南，认知教育活动的基本信息（名称、题目、答案），教师指导语，学生反应评价（兴趣程度、配合程度、难易程度，以三级评分计分）。《学生手册》是学生进行认知能力训练时需要动手操作的内容材料，主要包括题目和题目要求，训练时学生需要根据教师的指导完成材料中指定的内容。

（一）课前准备

准备材料：《教师用书》《学生手册》。每天安排 10～15 分钟，一周五天循环五大能力的训练，教师或家长需要提前熟悉材料内容，阅读每项训练的指导语，根据训练的目的和本班学生或孩子的水平决定是否需要做个性化的处理。

（二）教师要求

教师在进行整班训练时需要注意：第一，熟悉《教师用书》的框架，清楚每一次训练的内容，不必也不应该照搬教师指导语，应以学生能够理解并喜欢的方式，说明活动规则和过程，最好生动有趣；第二，在进行活动时不强调对错，重视学生的反馈与参与的积极性；第三，可以对活动形式进行差异化处理，如果对于独立的纸笔练习学生参与度不高，可以将其调整为整班参与的形式；第四，在活动开始前一定要做好示范，让学生明白活动的要求和过程，可以由教师示范，也可以让学生示范；最后，教师的评价语可以多元化，从学生的语言表达的完整性、活动的参与度、班级的活跃性以及同伴合作等多个角度评价。

（三）学生准备程度

由于每次训练时间很短，所以要保证学生在参与过程中的效率和质量，在开始前教师可以通过一些互动游戏调整学生的注意力水平，让学生保持高度的兴趣与积极性，再展开训练。

三、课程资源的核心内容

基础认知教育活动课程主要由注意力、工作记忆、加工速度、数学认知以及计划能力五大模块组成，这五大能力对应小学生学习过程中所需调动的重要认知能力，与小学阶段的学习乃至整个学习生涯都有密不可分的关系。内容的选择符合低年级学习困难学生认知发展的特点，主要集中在感知觉、注意力、记忆力、加工速度、元认知等方面；多采用图片、活动、同伴合作等形式，符合低年级学生具体形象思维的认知发展规律，以直观生动的图片引发学生的兴趣，从而调动学生的积极性；以螺旋式上升的梯度难度激发学生的内驱力，并且在选择训练内容时结合小学部编版教材内容，在训练认知能力的同时巩固学业内容。

（一）注意力

在小学阶段，绝大部分知识的输入都需要注意力的参与才能完成。注意力维度的课程包含听觉注意、视觉注意以及注意活动三个部分，课程目的是让学生练习集中注意力，减少注意力不集中的情况，提高学习效率。通过游戏和活动提高学生的注意品质，注重视觉注意和听觉注意的训练，并结合注意训练活动，提高学生的学习兴趣；在选择训练内容时结合小学部编版教材内容，巩固学业知识。

注意力典型活动：文本查找

文本查找的活动形式是选取部编版小学语文教材中的文章，请学生在规定时间内圈出文中所有的目标词。该活动使用的文本为部编版小学语文教材中的内容，这样可以让学生在熟悉的内容里进一步巩固学业内容。在实施流程上有两种方式：一种是提供文本，让学生用笔圈出目标词，这种方式难度较低，但能够训练学生的视觉注意与阅读流畅性；另一种是教师口头朗读文本，学生听到目标词时在纸上打钩，最后数一数一共打了多少钩，调动学生的听觉注意（也可以将文本制作成PPT，教师朗读PPT上的文本，学生闭上眼睛听，用自己习惯的方式默记目标词的个数）。最后，老师带着学生再一起找出目标词，在这一次的查找过程中，学生可以发现哪些目标词被自己遗漏了，还可以让全部找出的同学分享快速寻找的策略。

以下示例示范了第二种实施方式，也是《教师用书》和《学生手册》上提供的练习方式。

示例

找"小松鼠"

你打了（　）个钩

（二）工作记忆

小学生入学后，要学习各种文化课，发展读、写、算等各种技能，因此记忆的敏捷性（刷新速度）、保持的牢固性（容量）、再现的正确性（抑制控制能力）至关重要。工作记忆训练包含刷新任务、听音排序、抑制控制、记忆训练等，目的是让学生更准确、完整地完成学习、运算、推理、语言理解等多种复杂的学习活动，同时扩大记忆容量，有效提升学习效率。

工作记忆典型活动：抑制控制

工作记忆的训练内容非常丰富，但都是基于让学生可以提高抑制干扰、扩大记忆容量的目的，所以游戏和活动偏多，且多以PPT课件的形式直观生动地为学生展现。抑制控制是工作记忆的一种典型活动，以 Stroop 任务及其变式为主要训练形式，包括颜色 Stroop、形状 Stroop 和方向 Stroop。以形状 Stroop 为例，向学生呈现一系列圆形和方形，形状中随机有"方"和"圆"两个汉字，要求学生尽快说出汉字，而不理会形状带来的干扰。

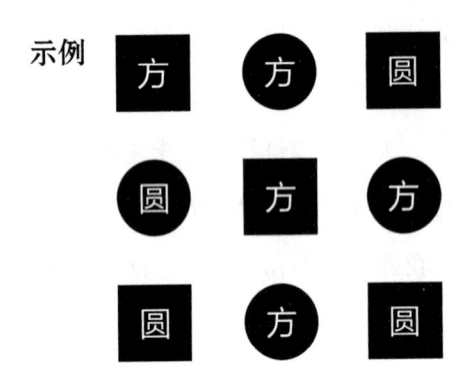

示例

方	方	圆
圆	方	方
圆	方	圆

Stroop 任务的互动性与游戏性都比较强，在实施流程上有三种方式：第一种是让学生接龙（接龙的方式可以提高每一个学生的参与度和积极性）说出每一个形状对应的字，这个难度较低，因为字比较直观；第二种是让学生不说出字只说出形状，这一种方式比第一种的难度稍高；第三种是采用与记忆相结合的形式，每一道题呈现 30 秒，让学生回忆第几行中的第几个是什么形状或者是什么字，难度进一步提高。教师在整个活动过程中只需组织学生逐步完成，在学生出错时强调训练要求即可。

（三）加工速度

在小学阶段，知识的输入及输出都是十分重要的，培养输出知识的能力也是不可或缺的。加工速度维度的课程主要由快速反应游戏和活动以及划消任务构成，训练学生的反应速度，让学生获得快速加工复杂学习任务的能力。在设置"划消任务"的题目时，从图片、数字、字母、汉字四个维度逐渐提升难度，提高学生的反应速度，在选择训练内容时结合部编版小学教材内容，以巩固学业知识，有些活动是以小组比赛等方式完成，也可以培养学生的团体合作意识。

加工速度典型活动：划消任务

划消任务通常分为图片划消、数字划消、字母划消、汉字划消，其中文字划消难度较高，选择的都是偏旁或部首相似的汉字，并且选自对应年级的生字表。在训练加工速度的同时让学生区别形近字，巩固学业知识。

示例　　请在1分钟内划掉汉字"土"，你划掉了（　　）个。
　　　　　请在1分钟内圈出汉字"士"，你圈出了（　　）个。
　　　　　请在1分钟内框住汉字"干"，你框住了（　　）个。

士	千	土	丰	千	干	士	土	土
丰	丰	千	土	土	士	士	干	土
士	干	千	土	丰	士	千	干	干
土	土	土	士	土	千	干	士	土
干	士	土	土	丰	丰	千	士	土
土	士	干	干	土	土	干	千	干
干	干	千	士	干	干	土	土	千
土	千	土	丰	丰	丰	土	士	干
干	干	干	土	土	干	千	士	干
士	干	土	士	士	干	千	土	土
丰	干	土	土	土	土	士	千	干
丰	干	干	干	土	士	土	千	土
干	干	千	土	土	土	丰	士	土
千	干	土	士	干	千	士	士	土
土	千	丰	丰	丰	丰	土	士	干
千	干	干	土	土	土	土	士	干

　　在划消任务中，教师需要注意两点：第一，在说指导语时需要说清楚阅读规则——"从第一行开始，从左到右，一行一行查看"，培养学生良好的阅读习惯；第二，不要求所有学生都要在规定时间内把目标字全部找出来，在学生完成后不需要纠错，只需要带领学生一起重新查找，最后要让学生学会区分这几个目标字，以达到巩固学业知识的目的。在这项训练中每一个学生完成的快慢速度不一样，教师在实施训练时需要关注一些速度过慢的学生，在之后的任务中给予特别关注，也可以在课后对这些学生进行小范围的二次训练。

（四）数学认知

主动地认知是一种态度，更是一种学习方法。当儿童以自觉、自愿的姿态加入对数学知识的探究之中时，对数学知识的理解才能真正地达到较深的思想维度。数学认知维度嵌合学业知识，以语言空间、几何、数感、计算等几个方面组成训练内容，包含言语空间关系、图形拼接、数字推理、数字任务、数量估算、数字加减法等训练，训练难度层层递进，有效促进数学能力发展。在不同的数学训练任务中，学生对数学问题的表征及加工能力，以及学生认知思维的灵活性等都可以得到有效的锻炼。本训练结合学生课程学习的内容，对学生的数学能力及学业成绩有很好的提升作用。

数学认知典型活动：言语空间关系

言语空间关系是数学认知的一种典型活动，该活动的要求是学生根据给出的图形信息用一句话描述图形的位置关系，或者根据教师描述的信息画出相应的图形。训练的目的是锻炼学生的言语空间转换能力，提高学生的认知灵活性。

示例 根据给出的图形，用一句话描述。

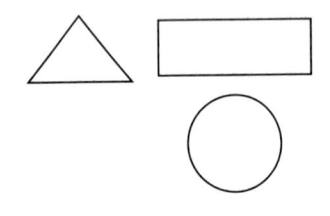

在实施这一训练时，教师需要注意以下几点：第一，可以从小学一、二年级学生所认识的基本图形中选取相应的目标图形；第二，对于刚进入一年级的学生，理解三个或三个以上的图形关系比较困难，所以这一训练从两个图形的位置关系开始；第三，用文字描述图形关系会比将文字信息转换为图形更为具象，所以教师在引导时可以从描述图形关系入手，用班上学生的位置关系做示范，引入图形关系的描述；第四，每种描述可能有多种画法，注意培养学生的发散思维；第五，在学生进行练习时，以启发和引导为主，对于题目理解有困难的学生，可复述题目信息。

（五）计划能力

计划能力的课程与生活经验联系得较为紧密，有较多的学习策略渗透其中，帮助孩子将从已有的生活经验中习得的策略迁移到新的情景中来解决问题。这一模块的训练包括译码、物品分类、数字或字母匹配、连一连、一笔画、故事排序、三段论推理、最省时等。目的是让学生在学习过程中对出现的问题迅速地采用相应的策略，有计划地将问题解决。在基础教育阶段就开始培养学生运用策略解决问题的能力，在选择训练内容时结合小学教材内容，巩固学业知识。

计划能力典型活动：译码

译码是计划能力的一种典型活动。这一活动的要求是学生在规定时间内根据题目中提供的译码规则，将表格填写完整，速度越快越好。训练的目的是增强学生计划统筹的意识，提高短时记忆能力与注意力的稳定性。

示例

◆	★	♥
6	3	9

◆	◆	◆	◆	◆	◆
★	◆	★	◆	★	◆
♥	◆	♥	◆	♥	◆
◆	◆	◆	◆	◆	◆
★	◆	★	◆	★	◆
♥	◆	♥	◆	♥	◆
◆	◆	◆	◆	◆	◆
★	◆	★	◆	★	◆
♥	◆	♥	◆	♥	◆

在这项训练中，学生要在短时间内记住每一个图形代表的数字，能力较好的学

生可以在表格的排列中找到规律，快速完成填写，而能力一般的学生要边看边写，从左到右依次填写。填写结束后，请完成得又快又好的学生分享自己的做题策略，问问他们是怎么填写的，发现了什么规律，怎么能写得又快又准确。如果想增加难度的话，教师可以让学生找出三种图形之间的数量关系，或者设计一些等量代换的变式训练。教师一定要灵活应用材料，将训练的质量最大化。

四、基础认知教育活动课程编排的特点

（一）认知能力的全面性

皮亚杰的认知能力发展理论阐述了认知的发展具有连续性和阶段性。现代认知心理学研究揭示了人的认知能力广泛而复杂，认知能力发展决定着学习能力。比如，视觉能力与阅读能力密切相关，视觉、听觉发展的成熟度决定着听讲的专注度，精细动作、视觉和动觉的协调能力与书写能力密切相关，信息加工速度、加工的准确性等会影响儿童进入小学后学习的效率和时间等。此外，语音加工、语素意识、正字法意识等特异性认知加工能力与儿童的阅读能力发展密切相关，而计划能力、同时性加工、工作记忆、逻辑推理等则与数学能力发展紧密相关。这些能力的早期发展可追溯至学前和学龄早期阶段。

因此，在小学初期，作为正规学校教育的起点，伴随着学生认知能力的逐步发展，进行适当的训练至关重要，这有助于降低学生后期学业误差的发生概率。

（二）课程难度的递进性

鉴于小学低年级学生认知能力的差异性和入学水平的不均衡状况，课程编排需考虑到学生长时间在校学习中的需求和挑战。基础认知能力提升训练以游戏为主，每个游戏10分钟，可以有效激发学生兴趣；同时通过难度层次的划分，确保学生在挑战中获得成就感，不断提炼学习策略，激发解决问题的内在动力。

（三）干预内容的嵌合性

学习困难通常源于认知功能缺陷，而非智力障碍、视力障碍、听力障碍或孤独症，因此，对学习困难学生的教育支持应超越单纯的学业干预，实现学业与认知的

深度嵌合，从根本上提供教育支持。根据学生的学习基础和能力，重新构建教学内容，为学生搭建学习阶梯。学业内容的嵌合选择应针对学生难以掌握或即将学习的部分。例如，使用舒尔特方格训练注意力时，方格中可以呈现一首学生已学过的古诗，要求学生按顺序找出诗中的字，这不仅巩固了学生对古诗的记忆，而且锻炼了他们对汉字的再认能力。

基础认知教育活动课程旨在全面改善小学低年级学生的认知能力，逐步提升课程难度以适应学生的发展，并将学业内容与认知能力紧密结合，为学习困难学生提供全面而深入的教育支持。

第三节 基础认知教育活动课程的实践效果

本课程由五大模块构成，包含十二种不同的训练组合，其难度随着年级的提升而逐渐螺旋式递增，每一种组合均经过实证研究验证其对认知能力的训练效果。因此，在应用本课程资源时，建议教师与家长遵循既定的组合顺序。

样本校在实践中借鉴RTI（Response to Intervention，简称RTI）模式，建立了三层级的课程实施方式。通过面向全体学生的第一层级集体教学、第二层级的小组教学到第三层级的个别化教育干预，对小学一、二年级学生开展基础认知教育活动课程。

一、样本校的课程应用模式——RTI模式下三层级课程实施

RTI模式最初是美国为了更及时地对学习障碍学生做出反应而建立的模式。该模式从最少受限环境的角度出发，在普通教育学校为学习障碍学生建立了连贯、多资源融合、完善的三层级支持体系。

鉴于RTI模式在提升学习困难学生教育质量方面的关键作用，样本校在实施基础认知教育活动课程时，也采用了这一模式的结构，开展三个层级的课程实施（具体模式见第五章介绍）。

第一层级：面向全体的集体教学，对所有学生进行基础认知能力的培养，确保

每个学生都能获得必要的学习支持和资源。

第二层级：面向小组的针对性干预，对那些在第一层级中表现不佳或需要额外帮助的学生，提供更密集的个别化或小组辅导。

第三层级：一对一的个别化教育支持，为那些在前两个层级中仍未能取得显著进步的学生，设计更为集中和个性化的干预计划。

二、第一层级集体教学中的实践与效果

（一）实施流程

第一层级是在普通教育课堂中面向全体学生提供高质量的干预训练，每天利用10分钟的时间，由学科教师根据《教师用书》进行训练。

在具体实施中，形成了流程化的课程实施方式（见图3.1）。教师需要依据《教师用书》，在课程实施过程中展现每个课程活动的多样性，并多给学生思考的机会，用"提问－引导－总结－变式"这样的模式充分训练学生的认知灵活性。在课程实施过程中，教师要注重引导学生生成认知策略并进行总结，这是非常必要的。

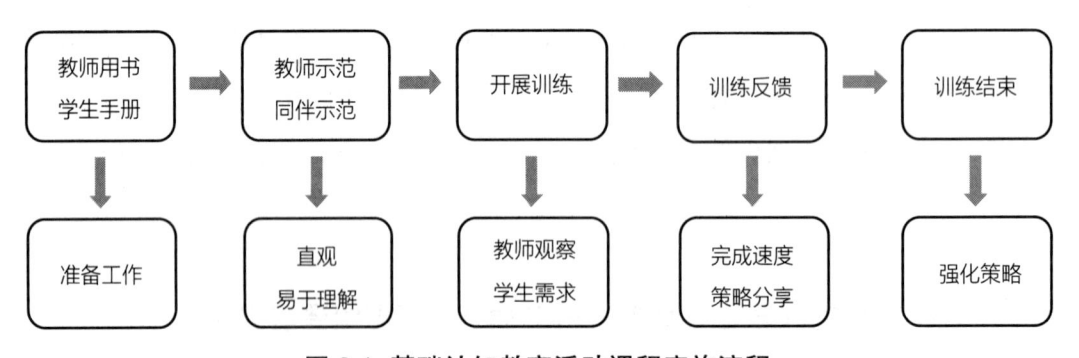

```
教师用书      →  教师示范    →  开展训练  →  训练反馈    →  训练结束
学生手册         同伴示范
   ↓               ↓             ↓           ↓             ↓
准备工作         直观          教师观察    完成速度       强化策略
                易于理解      学生需求    策略分享
```

图 3.1 基础认知教育活动课程实施流程

（二）具体研究过程

将基础认知教育活动课程应用于小学一、二年级学生近一年后，研究验证该课程材料能否提升小学普通发展儿童的基础学习能力。

以下是对研究过程及实施效果的具体介绍。

1. 被试选择

考虑到学生活动和教师任务，选取二年级四个班的学生作为研究对象，其中两

个班为实验班,两个班为对照班,实验班和对照班各 50 人。

2. 具体的实施安排

实验班学生接受基础认知能力干预,由各班班主任负责。干预时间为 12 周,每周五次,每次进行 10 分钟,共计 10 小时。干预活动放在下午第一节课上课前。对照班学生不接受认知能力干预,同一时间进行正常的学习活动。

3. 训练时间安排

干预正式实施前,对实验班和对照班学生进行前测。干预 12 周后停止,随后对实验班和对照班进行后测。

4. 训练数据结果分析

对实验班和对照班学生前测认知任务中的得分进行独立样本 T 检验,分析结果如下:

表 3.5　二年级实验班、对照班前测独立样本 T 检验(N=100)

学业成绩和各项认知能力	组别	M	SD	t	p
语文前测	对照组	96.24	2.87	−.576	.566
	实验组	96.54	2.31		
数学前测	对照组	96.21	3.65	−.932	.354
	实验组	96.89	3.65		
计划编码	对照组	62.96	17.82	1.609	.111
	实验组	57.84	13.75		
加工速度	对照组	59.38	15.51	.607	.545
	实验组	57.54	14.81		
数量知识	对照组	47.52	11.45	−.229	.819
	实验组	48.02	10.34		
工作记忆	对照组	162.16	32.41	−1.007	.316
	实验组	169.08	36.21		
长时提取	对照组	86.56	6.71	.931	.355
	实验组	85.02	9.58		
听觉注意	对照组	93.78	5.75	1.721	.089
	实验组	91.04	9.68		

分析结果显示,二年级实验班和对照班学生在前测数学、语文学业成绩与各项

认知能力得分上均不存在显著差异（p > 0.05），说明实验班与对照班的被试是同质的。

采用黄燕等人计算认知干预效果的方法[1][2][3]，用实验班后测成绩与前测成绩的差值（后测 – 前测，下同）和对照组前后测成绩的差值作为学生在干预后的进步幅度，对实验班和对照班干预前后学生在学业成绩和认知能力上的进步幅度进行独立样本 T 检验，结果如下表所示：

表 3.6 二年级实验班、对照班前、后测进步幅度独立样本 T 检验（N=100）

各项认知能力	组别	M	SD	t	p
计划编码	对照组	22.78	15.34	−2.872	.005**
	实验组	31.20	13.94		
加工速度	对照组	20.68	15.89	−2.340	.021*
	实验组	28.00	15.39		
数量知识	对照组	4.30	13.38	1.297	.198
	实验组	.90	12.82		
工作记忆	对照组	−19.50	36.27	.863	.390
	实验组	−26.04	39.45		
长时提取	对照组	−.06	10.20	−2.313	.023*
	实验组	4.62	10.03		
听觉注意	对照组	2.02	7.75	−1.228	.222
	实验组	4.34	10.88		

由上表可以得出，二年级实验班后测时在计划能力、加工速度、长时提取上的进步程度显著高于对照班（p < 0.05）。

---

[1] 黄燕. 认知能力训练对小学一年级学生数学成绩的影响[D]. 四川师范大学, 2017.
[2] 骆艳. 汉语发展性阅读障碍儿童工作记忆研究及干预效果评价[D]. 华中科技大学, 2012.
[3] 王士凯. 小学生注意力的评定与干预研究[D]. 湖南师范大学, 2020.

5. 实施效果

以上数据表明，经过一学期的基础认知教育活动课程的一级课堂支持，实验班在计划能力、加工速度和长时记忆与提取方面的进步显著大于对照班。这表明，通过认知训练，普通发展儿童的各项认知能力可以得到显著发展。

为了进一步验证基础认知能力干预效果在小学普通发展儿童身上的外显性，全面考查基础认知教育活动课程资源的实施效果，对实验班班主任进行了访谈，主要围绕学生课堂上或课下的学习效果进行，内容主要包括学生上课的积极性与参与度、课堂反应速度、注意力等方面。下面是两位班主任对学生整体的反馈。

班主任 A："我们班小朋友每次上基础认知能力提升课的时候都特别期待和开心，在上课过程中他们会学到一些学习方法和策略，例如，在完成任务时应该如何做可以更省时省力，学习到的这些策略和方法对他们在日后解决问题、培养良好的学习习惯都很有帮助。另外，经过一段时间的干预之后，学生更愿意尝试新的事物，积极面对挑战，学生的自信心有所提升。训练内容中有一些同学之间合作的活动，能够培养学生们的合作精神和社交能力。尤其对我们班那些有行为问题的小朋友而言，每次上基础认知能力提升课的时候他们就会端端正正地坐在自己的座位上，并且积极参与其中，他们的问题行为减少了。"

班主任 B："基础认知能力提升课中呈现的活动是非常有趣的，可以增加学习的趣味性，激发学生对学习的兴趣，提高他们的积极性。另外，以这种轻松愉快的活动开启下午的第一堂课，既可以将孩子们的精气神迅速拉回到课堂中来，帮助他们集中注意力，为接下来的课堂学习做好准备，也可以减轻学习压力，营造轻松的学习氛围。基础认知能力提升课除了对学生有效果之外，我感觉对教师本身也有很好的效果。由于我是一名新教师，经验比较少，经过一段时间的干预之后，我在课堂上让学生注意力集中的策略变多了，而且我也参与其中，学生之间的关系变得更近了，既增进了我们之间的相互了解和互动，又改善了师生关系，这对我来说也是非常有益的。"

在集体干预条件下，实验班后测时在计划能力、加工速度、长时提取上的进步程度显著高于对照班，表明认知能力集体干预也可以促进学生认知能力的发展。随后对班主任进行访谈，得知学生上过基础认知教育活动课程之后，习得的各种策略变多了，上课的积极性也被调动起来，而教师也对教学有了新的思路。

但是，在集体教学中，能够明显地看出学生之间的差异性，在普通教育课堂上有 80% 的学生基本能跟上进度，可以和教师有较好的互动与反馈。在这一过程中教师也会发现有小部分学生的反应速度较慢，对于训练不能有很好的理解与参与，那么对这一部分学生将会进行第二层级的小组教学。

三、第二层级小组教学中的实践过程与效果

（一）实施流程

这一层级针对在课堂中跟不上、反应不好的学生，以 5～6 人的小组形式来进行训练，每周两次，训练内容为学生认知能力上的短板。如果学生经过一段时间的小组干预进步明显，能够达到普通学生的教育标准，就可以回归到普通教育课堂。

小组干预的操作流程比较简单，以学生个体的情况来制订每一次的训练计划，前期需要对学生第一层级的训练表现有一定的观察，明确学生的短板，以基础认知教育活动课程为基础，选择典型任务进行训练。

（二）具体研究过程

1. 实施的目标

采用示范、启发、练习的多种途径来进行早期干预。培养学生的学习兴趣与自信心，在游戏活动中发展认知能力，让学生有较强的互动性与参与感以及完成任务的成就感；与学生的生活经验联系起来，引导他们在生活中和操作活动的层面上发展自己的短板能力；鼓励学生运用多种形式阐述自己解决问题的策略，增强同伴合作。

2. 具体的进程表

表 3.7 干预进程表

时间	任务次数	具体任务			
		学业强化	认知能力训练	其他	目标达成
1 周	2		听音识别 图形拼接		√
2~4 周	4	学业辅导	一笔画 译码		√
5~8 周	6		找不同 划消任务 连一连		√
9~12 周	6	学业辅导	数字推理 数量估算 听音识别		√
13~16 周	6		影子配对 物品分类 划消任务		√
17~20 周	6	学业辅导	数字连线 三段论推理 故事排序		√

注：在学生个案的课程推进中，课程安排以当下学期的实际教学周为基准，共计 20 周。然而，针对学生的个案干预支持仅在 12 周内实施，因此，两者之间存在差异。

3. 干预实验研究

（1）被试选择

随机抽取 11 名学困生为实验干预组，11 名学困生为对照组。独立样本 T 检验结果表明，实验组和对照组学生在前测学业成绩与各项认知能力上不存在显著差异。对学生的干预均已征得学生家长及教师的同意。

（2）实施的具体安排

将抽选的 11 名实验干预组学困生随机分为两组，分别为 5 人/组和 6 人/组，由学习困难认知及行为研究方向的研究生各干预一组。实验组接受基础认知能力干预，干预时间为 12 周，每周 2 次，每次进行 60 分钟，共计 24 小时。对照组不接受认知能力干预，同一时间进行正常的学习活动。

（3）实施的时间安排

干预实施前，对实验组和对照组的学生进行前测，干预结束后立刻对两组学生进行后测。

（4）数据结果分析

对实验组和对照组学困生在前测学业成绩和各项认知能力上的得分进行独立样本 T 检验，分析结果如下：

表 3.8　实验组、对照组学困生前测独立样本 T 检验（N=22）

学业成绩和各项认知能力	组别	M	SD	t	p
语文前测	对照组	84.18	9.64	1.113	.279
	实验组	76.73	20.02		
数学前测	对照组	90.36	6.14	.194	.848
	实验组	89.91	4.74		
计划编码	对照组	37.91	23.80	−.821	.422
	实验组	45.57	19.80		
加工速度	对照组	45.73	20.31	.054	.958
	实验组	45.35	11.63		
数量知识	对照组	27.27	13.01	.534	.599
	实验组	24.38	12.45		
	实验组	33.14	10.82		
工作记忆	对照组	180.27	23.67	−2.014	.062
	实验组	211.82	46.24		
长时提取	对照组	76.45	14.12	.067	.947
	实验组	76.00	17.74		
听觉注意	对照组	87.73	12.82	.616	.545
	实验组	84.38	12.62		

p<0.05 代表显著水平，p<0.01 代表极显著水平。

分析结果显示，学困生在前测数学、语文成绩以及各项认知能力得分上均不存在显著差异，说明实验组与对照组的学困生被试同质。

对实验组前、后测的学业成绩和认知能力得分进行配对样本 T 检验，结果见下表：

表 3.9 实验组前、后测认知能力差异配对样本 T 检验（N=11）

各项认知能力	组别	M	SD	t	p
计划编码	前测	45.57	19.80	−9.884	.000
	后测	81.00	13.58		
加工速度	前测	45.35	11.63	−4.226	.002
	后测	69.91	20.55		
数量知识	前测	24.38	12.45	−3.885	.003
	后测	36.00	11.97		
工作记忆	前测	211.82	46.24	5.233	.000
	后测	156.82	25.06		
长时提取	前测	76.00	17.74	−2.698	.022
	后测	86.55	8.23		
听觉注意	前测	84.38	12.62	−2.594	.027
	后测	94.18	5.00		

$p<0.05$ 代表显著水平，$p<0.01$ 代表极显著水平。

由上表可以看出，小学二年级干预组学困生的各项认知能力后测成绩均显著高于前测成绩，说明他们的各项认知能力均得到了发展。

对实验组和对照组学困生干预后在各项认知能力上的进步幅度进行独立样本 T 检验，结果如下表所示：

表 3.10 实验组、对照组学困生进步幅度独立样本 T 检验（N=22）

各项认知能力	组别	M	SD	t	p
计划编码	对照组	37.73	34.83	.205	.840
	实验组	35.45	11.88		
加工速度	对照组	22.73	31.18	−.164	.871
	实验组	24.55	19.29		

续表

各项认知能力	组别	M	SD	t	p
数量知识	对照组	16.18	9.84	1.079	.293
	实验组	11.64	9.92		
工作记忆	对照组	−55.00	34.86	2.395	.027
	实验组	−19.45	34.75		
听觉注意	对照组	8.09	14.10	−.256	.800
	实验组	9.55	12.48		

$p<0.05$ 代表显著水平，$p<0.01$ 代表极显著水平。

由上表可以得出，在进行认知干预后，实验组学生在工作记忆上的进步幅度显著高于对照组学生，加工速度和听觉注意方面的进步程度高于对照组学生，但还未达到显著性水平。

4. 实施效果

以上结果表明，经过一学期的认知训练，学习困难学生的各项认知能力得到显著发展，一学期的基础认知教育活动课程的二级小组支持，使得学困生在工作记忆、加工速度、听觉注意等方面有较为明显的进步。

为了能够全面考查学习困难学生的认知能力对学习效果的影响，进一步验证认知能力干预效果的外显性，选取了四名学困生，对其班主任进行了访谈，主要围绕学困生平时课堂上或者课下的学习效果进行。内容主要包括上课积极性、参与度、课堂反应速度、注意力、作业完成情况等方面。下面是各班主任对学生整体的反馈。

小A班主任："小A整体表现上进步挺大，他的作业书写比一年级的时候强一些，孩子的手部精细动作进步了。如果他认真、时间充裕，他还是写得不错的，能够达到班里的中等水平。在他读词等的正确率方面，孩子还是有进步的。在识字写字上面，他会用一些简单的方法，像是联想，常用的组词方法他都是知道的。我觉得他的记忆力有提升，现在读、背课文的正确率，包括字词的正确率都有进步，一年级的时候他的字词听写，或者老师让他读词语，基本上都是错的，对的很少，现在相对来说正确率是比较高的，跟他自己比确实是进步的。"

小B班主任："小B上课的时候比之前积极多了，学习主动性方面也有提高，特别是书写，他很喜欢写字，也是因为书写让他找到了自信。书写很认真，计算能力有很大提高，也愿意积极动脑思考，基本能认真听讲，偶尔也会举手回答问题，但有时会因为跟不上而走神或说话。"

小C班主任："小C的变化特别明显，课堂作业比上学期的好多了。上课有一部分时间是可以听讲的，特别是遇到感兴趣的问题，能够积极参与到课堂中，能够与老师互动，主动举手回答问题。如果老师单独读题，他是可以完成当天的任务的。老师尝试让他自己读题，有时也是可以实现的。基本上课堂上生字可以独立完成，不抗拒完成作业。从语文课来看，他的识字量有所提升，课堂上偶尔能组词或者说简单的句子。"

小D班主任："小D在语文课堂上的变化还挺大的，虽然进步比较慢，但是他在进步。每周两次的干预已经成为孩子的期待，一学期结束，明显感觉孩子的自信心有了提升。相比之前课堂上的安静聆听，现在的他敢于举手，主动思考，积极参与课堂教学，还可以勇敢提出自己的困惑。在书写方面进步挺大的，写作业也非常积极，从以前的'我不会，我不懂'到现在的'让我再想想''我有想法了'。作业质量比之前好一点，但是从整体上看还是有点靠后，正确率有提高，课堂反应有进步，但是偶有出神。在上课回答问题上，他以前可能会一个字一个字地说，现在比以前连贯一些，能说一个完整的句子。比以前就主动了一些，以前比较被动，特别爱发呆，现在这种情况依然会存在，但是上课的时候回答问题的频率比以前高了，而且他也从被动变为主动了，在人际交往上，他性格比较孤僻，可能因为比较胆小，跟别人沟通比较困难，所以孩子不愿意跟别人主动交流，但是现在稍微好一点，进步很大，愿意分担班级事务，据家长反映，他情绪上积极许多，以前情绪不稳定，现在慢慢地会控制了。"

参加小组干预的学困生之间存在着很大的异质性，有的学生的注意力较差，有的加工速度较慢，但从访谈的整体情况来看，接受小组干预的学困生在平常的学习生活中整体进步较大。进步主要体现在上课积极性、课堂参与度、作业书写规范及正确率等方面。

在小组干预条件下，实验组学生在工作记忆上的进步幅度显著高于对照组，加工速度、视觉加工和长时提取方面的进步程度高于对照组，但还未达到显著性水平。

之后对学困生班主任进行访谈，探究认知能力干预对学困生的影响。教师认为学生接受了认知能力小组干预之后，在上课的积极性、课堂参与度、作业书写规范度等方面有了很大进步，说明认知干预不仅能够在一定程度上促进认知能力的发展，也能有效改善学生的学习效果，提高学习适应性。

另外，在干预过程中，研究者观察到不论是普通发展儿童还是学习困难学生，参与课程的积极性都比较高，这可能是因为认知训练大多以游戏的形式呈现，符合儿童兴趣，丰富多彩的活动种类能够有效提高学生的兴趣。在小组中，由于学习困难学生个体之间存在很大的异质性，要特别重视学生认知能力的差异与独特缺陷，提高他们认知水平的方法有所不同。例如，对于正确率高但反应速度慢的学生，需侧重他们在加工速度上的训练，而对于记忆容量较小的学生，需要加强他们在工作记忆与长时记忆上的训练。

在小组干预中依然有反应不良，或者难以适应教学训练内容、学习效果明显滞后的学生，他们就需要接受第三层级的干预，大约会有5%的学生。

四、第三层级个别化教学的实践过程与效果

第三层级主要为个别化支持：是针对通过分层和小组教学，仍然不能适应，且连续三次学业成绩位于年级后20%或低于年级1.5个标准差的学习困难儿童。这些学习困难儿童约占5%，对他们采取"一对一"的个别化支持教育。依据综合评估结果，学习支持中心的专业教师与学科教师、家长合力为学生"量身制订"个别化教育计划。结合学业干预，对个案学生实施密集、持续的基础认知能力干预，并进行详细记录和持续评价，依据学生表现及时调整个别化教育计划。这样分层级分水平的干预模式惠及每一个学生，不让一个学生掉队。以下是对两个典型个案的相关描述。

个案一：慢吞吞的涛涛 [1]

（一）个案情况

涛涛（化名）是个可爱的男孩，母亲四十多岁时生下他，作为家里的第一个孩

---

[1] 个案记录者：李丹。陕西省西安市启智学校教师，专长于培智学校各类学生的评估与干预，担任该个案的一对一专职教师。

子也是唯一一个男孩，受到全家的宠爱。爸爸工作比较繁忙，涛涛的饮食起居基本由母亲一人照料。母亲每天按时接送他，其他孩子一般中午在学校吃饭午休，他会被母亲专门接回家照顾。

刚上一年级时，涛涛课堂上基本能够跟上老师的节奏，虽然上课表现不太积极，但是能够回答出老师提出的问题，因为口吃，涛涛在和同学相处中总是喜欢以肢体语言表达，不太能和同学闲谈，不太能接续别人的话题，故常常与同学打架，犯了错误，对老师的批评听不进去，班主任向母亲反映后，母亲常常会将责任推卸到其他小朋友身上，班主任非常无奈，喜欢和涛涛玩的同学越来越少。

虽然一年级时涛涛的成绩为班级后5%，但还能够达到及格水平。到了二年级，由于课业加重、难度提高，涛涛的成绩常常不及格。老师反映他上课时总是小动作不断，在座位上动来动去，记不住当天老师交代的各种事情，做事常常没有重点和条理。

中心的老师在课堂上观察发现，当同学们已经进入朗读状态了，涛涛仍然在抽屉里找课本和练习本，同学们读完课文，他才将准备工作做好。涛涛上语文课时端正地坐在座位上，似乎在听讲，但是每当老师提问题或要求朗读时，涛涛都没有任何反应，当老师发出抄写或练习的指令，他不能立即执行，而是先看其他同学干什么，他才照着做。在抄写环节中，他不会规划字词在格子中的位置，常常将不同的词语连在一起或将一个词语分开写，整体非常凌乱，他写的字常常会出现少一横或一点的情况，他不能整齐而正确地抄写。

上数学课，涛涛仍然因为准备工作慢、对老师的指令反应慢，总是跟不上课堂的节奏，最后索性完全不参与课堂，在座位上摇来摇去，钻到桌子底下不出来，自己玩耍。当老师让同学们做题时，他总是东张西望，不停地看钟表，一节课下来，似乎什么东西都没有进入他的小脑瓜，刚下课，他就将书本一股脑塞进书包里，开始穿衣服准备放学，在同学们已经陆续走出教室时，他的衣服还没有穿完，他连拉链都没有拉，领子和帽子也没有整理，就急忙跑出了教室。

（二）评估结果

学校学习支持中心的老师给他做了相关的认知评估测验，发现他的计划能力、注意力、同时性加工、继时性加工能力都非常低。再用语音、字词掌握量以及阅读理解标准量表对他进行评估，发现他的语音意识稍低于及格线，字词掌握量远远低于同年级学生，阅读理解能力很弱，可见二年级上学期涛涛就已经积累了极大的学业误差，如果不及时干预，后期的学习将无法正常进行。

将观察、访谈以及测评的结果进行综合分析，发现涛涛的行为表现和学业表现不佳在很大程度上是因为他的计划能力非常弱。上课总是不能跟上老师的教学进度，不能听懂老师的指令，他上课模仿同学的行为，下课收拾东西跟不上同学的节奏，抄写常常出现错误，都是因为他不能够合理规划自己的行为，长此以往，他做任何事情都慢同学一步，这不仅造成了极大的学业误差，也造成了很多不良的行为习惯。

（三）实施的目标

基于上述情况，我们为涛涛制定了全面的个性化干预方案，将认知能力训练与学业干预相结合。

表 3.11　涛涛的学期目标计划表

目标分类	教学目标	次数/周	负责人
学业目标	语文及格（语音训练） 数学 80~85（误差弥补）	1 次/周 1 次/周	学科教师
认知目标	基础认知能力的全面提升 （注意力、计划能力、加工速度）	2 次/周	专职教师
其他目标	/	/	/

（四）具体的进程

首先利用学习支持中心的材料对其进行计划能力的干预，同时进行语音个别干预和语素小组干预以弥补其学业误差。在个案干预中，首先制定行为规范，在每一次干预前告知本次必须完成的学习任务，传达指令时要及时询问他"老师让你干什么呢？""你首先要做什么呢？"以保证他正确理解并执行，同时多为他创造自己动手的机会；他在做抄写任务时，引导他先规划词语的书写位置再动笔。在小组干预中，引导其与同学多进行互动，用语言表达自己的想法和诉求，放缓小组干预的进度，保证他能够跟上课堂的节奏，小组干预完成后，将召集同学和整理队伍的任务交给他。

随着干预的持续进行，涛涛课堂准备工作和下课收拾所用的时间越来越少，抄写也越来越整齐规范，在干预一个月后他的期中考试成绩达到了八十多分，之前是不及格，后来的期末考试成绩也保持在 80 分以上。

表 3.12 涛涛的干预进程表

时间	任务次数	具体任务			目标达成
		学业强化	认知能力训练	其他	
第 1 周	2		数量统计 拼音连线		√
第 2~4 周	4	学业辅导	一笔画		√
第 5~8 周	6		记忆训练 找不同		√
第 9~12 周	6	学业辅导	影子配对 数字加减法 译码运算		√
第 13~16 周	6		舒尔特方格 言语空间关系 划消任务		√
第 17~20 周	6	学业辅导	箭头游戏 数字推理 物品分类		√

注：在学生个案的课程推进中，课程安排以当下学期的实际教学周为基准，共计 20 周。然而，针对学生的个案干预支持仅在 12 周内实施，因此，两者之间存在差异。

学习支持中心对他的母亲进行了两次访谈，希望她在照顾孩子时能够适当"放手"，不要进入溺爱的误区，导致孩子产生依赖心理，做任何事情都指望有人代办。他在家里有母亲照顾，但是与同学们在一起或在课堂上没有人可以依赖。母亲看到学习支持中心的干预效果比较理想，表示愿意配合，无论是穿衣吃饭还是学习、做事，都让他自己计划和执行。家校在同样的教育理念和方向的指导下，对涛涛的干预取得了良好的效果，学业和行为均得到显著的改善。

个案二：需要特别支持的小安 [1]

（一）个案情况

第一次见小安（化名），是在她一年级的时候，父母带她来做家长咨询。爸爸妈妈和另一个心理老师在做咨询，我陪着小安在隔壁房间读绘本。一起阅读的时候，我发现她是一个活泼开朗的小女孩，她会在读故事的时候谈很多自己的事情，想表现自己。

后来，我知道爸爸妈妈来咨询关于小安学习情况的问题，父母和老师都反映小安的注意力不集中，学习上的各方面能力都比别人弱很多。她的座位在教室中间第二排，是听课的绝佳位置，但是小安的听讲效果却不如人意，注意力不集中、学到的知识少、读书的速度慢、写字的速度慢，常常跟不上老师上课的节奏，作业要写到很晚，孩子和家长都很崩溃。老师和家长都说："小安除了学习，什么都可以。"所以父母和老师都很着急，反复教小安，小安却总无法掌握，搞得爸爸妈妈很焦虑，不知道该怎么办才能帮助到孩子。

在老师和家长的推介下，学习支持中心开始关注小安的学习和生活。因为小安刚上一年级，还处于适应小学生活的阶段，所以我们对小安的父母仅提出了家庭教育上的一些建议。但我们同时也在关注她的学习情况，长期追踪她的学业成绩，发现在别的小朋友都考九十多分的时候，她的成绩只有四五十分，长期处于年级倒数第几名，学业成绩明显落后。我们到小安的课堂上，观察她的学习状态，发现小安

---

[1] 个案记录者：徐玥。陕西师范大学实验小学教师，负责学习支持中心学习困难认知评估与阅读干预，担任该个案的一对一专职教师。

并不像老师反映的那样完全神游或不听讲，她在尽自己最大的努力跟上老师的步调去学习，也尽可能地参与课堂，举手回答问题。但因为她的理解加工速度太慢，在上课 15 分钟左右之后她逐渐跟不上老师的节奏，该读的文章读不完，该写的题目写不完，她渐渐表现出听不懂、注意力不集中的情况。在课堂上学到的内容如此之少，导致她做练习、写作业既慢又不准确。

（二）评估结果

开始干预前，我们给她做了认知能力的评估，了解小安的基础认知能力、学习能力水平。评估结果显示，小安的注意力和计划能力指标都欠佳，特别是她在完成任务时的速度缓慢，这与她在学习中的表现一致。在经过课堂观察、学业分析、认知测评、家长教师访谈等全方位的评估后，我们仔细分析她的学习行为和任务表现，发现小安的言语理解能力不存在问题，将阅读任务以听觉方式呈现后，她可以从中提取信息并建立联系，但是当以书面文本呈现时，她在自行阅读理解上会遇到很大困难，缓慢的阅读速度和大量的陌生字词给她的阅读理解带来了巨大的障碍。同时，长期受视觉文本加工欠佳的影响，小安的数学和英语的学业表现也不佳。经过综合、全面的评估，中心给出结果，小安属于字词识别型阅读困难学习障碍，并伴随着加工速度的不足，需要提供特殊的教育支持。

（三）干预目标

征得家长同意后，中心与教育专家、小安的教师和家长一起为小安制订了个别化教育计划。主要针对其学习问题提供字词和阅读干预、注意力及加工速度方面的训练与辅导，并面向家长开展必要的家长咨询和辅导。后续计划的实施中小安跟着由语文老师负责的语素字词小组接受字词方面的干预，同时由中心教师来带她做注意力、加工速度等认知能力训练。

表 3.13 小安的学期目标计划表

目标分类	教学目标	次数 / 周	负责人
学业目标	提高阅读速度（字词训练）	1 次 / 周	学科教师
认知目标	基础认知能力提升（注意力、加工速度）	2 次 / 周	专职教师
其他目标	/	/	/

（四）干预进程

小安的个别化训练是一周 2 次，每次 30~40 分钟。因为知道小安是加工速度缓慢的孩子，行动也相对其他人慢一点。脑科学研究表明身体运动能够提高大脑的活跃性，有利于认知和学习的发生。所以每次干预时，我先带她做运动，一起跳一跳、跑一跑，提高她状态的活跃程度，然后我们会一起做划消、译码、听觉注意、快速记忆等任务，以一些小游戏、小活动的形式来做。因为任务新颖，教师反馈及时，小安一直对认知训练的东西保持很高的兴趣。划消任务中，每次我们一起画错的时候，我会告诉她一些更好的完成任务的方法，并鼓励她下次试一试，让她保持期待。例如，刚开始做加工速度的图片划消任务时，小安是没有策略的，看到哪里有就画哪里，完成一个项目需要一分多钟，而且会漏掉很多。我告诉她："你可以一行一行地来找，会更快一点。"经过尝试，她发现的确如此；在划消一组图片的任务中，我又告诉她："找目标图片的时候，可以只看第一个图，然后判断它后面的图片是不是我们要找的就行。这样会更快一点。"

虽然第一次尝试的时候并没有取得很好的效果，但在练习三四次后，小安完成划消任务的速度越来越快，大概四十秒就能完成，而且正确率越来越高。小安体验到了成就感，非常开心，也非常乐意做这一训练。

随着她加工速度能力的提升，我计划帮助她把这一能力运用到完成学习任务中。所以，我开始带她做指导性重复阅读和分级指导性阅读的个别化训练。刚开始，受识字量不足的影响，小安在阅读上遇到很大困难，而且因为无法正确断词、断句，她读完文本后并不能提取中心意思。在了解了这些具体困难后，我开始调整干预内容，更侧重于指导性重复阅读和在阅读中识字。从第二次阅读训练任务开始，我会提前将提供给小安的文本内容进行词切分和生字注音。

干预时，先鼓励她自己尝试阅读；然后示范读给她听，她再跟读；让她指出自己不认识、不理解的字词，进行讲解；再次让小安独立朗读，提供朗读指导；最后就文本内容进行一些提问回答和讨论，小安书写她不熟悉的核心词汇。后来，我将这种阅读指导方法教给小安的家长，希望他们在家里也能通过绘本亲子阅读有效解决小安的阅读流畅性问题，这对小安提高阅读理解能力非常重要。

表 3.14 小安的干预进程表

时间	任务次数	具体任务			
^	^	学业强化	认知能力训练	其他	目标达成
第 1 周	2		听音识别 划消任务		√
第 2~4 周	4		译码 一笔画		√
第 5~8 周	6	分级指导阅读	找不同 听音识别 划消任务		√
第 9~12 周	6	指导性重复阅读	听力训练 记忆训练 文本查找		√
第 13~16 周	6	指导性重复阅读	划消任务 拼音连线 数量统计		√
第 17~20 周	6	指导性重复阅读	图形计数 划消任务		√

注：在学生个案的课程推进中，课程安排以当下学期的实际教学周为基准，共计 20 周。然而，针对学生的个案干预支持仅在 12 周内实施，因此，两者之间存在差异。

经过一学期多方的努力，小安的学业表现有了明显改善，测试成绩一次比一次进步，期末的时候达到八十多分，她也越来越喜欢在上课时回答问题，跟别人分享自己的事情，跟老师沟通自己的想法。与她的老师沟通时，老师对小安的进步表现出极大的欣慰和感动，老师说："我看到了她的努力和变化，也看到了她的希望。"在小安身上，我也看到了一个学习困难学生在多方教育支持下的成功转化。

第四章　基础认知教育活动课程的实施

基础认知教育活动课程的实施是培养学生核心素养的关键环节，它旨在通过一系列精心设计的活动，促进学生在基础认知能力、知识理解、思维技能和情感态度等方面的全面发展。本书中提到的注意力、工作记忆、加工速度、数学认知以及计划能力这五大能力对小学低年级学生基础认知能力的发展至关重要，也对其学业成绩有着积极影响。

在具体的实施过程中，五个能力的训练重点和实施方法均有所不同。本章将详细介绍这五个能力在训练中的具体方法和实施要点。

第一节 注意力课程的实施

一、常用的注意力干预方法

注意力的培养是小学低年级学生基本学习能力发展的核心，是终身高效学习和发展的基石。关于注意力的训练主要集中于以下几方面。

（一）感觉通道训练（视听觉训练）

感觉通道训练以视听通道为主，通过视觉通道和听觉通道做一些目标搜索类和冲突任务类的训练。赵佩根据感觉通道训练内容，设计一套适合 ADHD 儿童的注意力和自我概念的干预方案，用于提高 ADHD 儿童的注意力和自我概念[1]。仲蕾蕾曾设计过相关训练验证视听注意力训练的有效性，训练内容主要分成三个部分：静心训练，视觉训练，听觉训练。她把视觉训练任务分为视觉分辨（例如：从一组

---

[1] 赵佩婷. 正念感觉通道训练对 ADHD 儿童注意力和自我概念的干预效果研究[D]. 苏州大学, 2020.

相似的图中找出与目标图相似的图形）、视觉集中（例如：读某段文字）和视觉理解（例如：用几个汉字组成一句通顺的话）；听觉训练任务分为听觉分辨（例如：听几组相近的话，找出不同）、听觉集中（例如：听故事，找出指定数字的数量）以及听觉记忆（例如：老师读不断延长的句子，学生进行复述）等。经过12天针对不同通道进行的训练，学生在学习上有明显的进步，视听训练具有明显的效果[1]。凌光明在其研究中采用系统的心理训练，用听录音辨错测验对学业不良儿童注意稳定性的特点及其培养方法做了一定的探索[2]。

（二）课堂中提升注意力的策略

针对学生在课堂注意力上存在的问题，诸多学者提出了提高学生课堂注意力的干预方案。周敏提到，教师在进行教学活动的时候，不应受限于教材的范围，而要充分利用教学资源、自身经验以及学生的经验对教学内容进行扩充。在语文课堂中具体体现在与课程内容相关的生活故事或历史经典。故事对儿童的吸引力很大，在低年级语文教学中适当穿插一些小故事，能极大地调动孩子学习的积极性，有利于稳定他们的注意力，延长注意时间，加强对课程内容的理解，有效提高学习效率。教师在选择故事材料时，可以"因地制宜"，选择一些贴合课程内容的故事，也可以给学生主导空间，让他们根据自己的兴趣来挑选[3]。

朱亚萍利用多媒体技术，在课堂教学中融入了游戏化的教学方式，有效吸引了学生的注意力，激发了学生的学习兴趣[4]。丁亚男曾在小学数学课堂中，采取小组团队合作学习的教学模式来提升学生的课堂专注力，从而提高课堂效率[5]。赵若冰提出实行积分鼓励制度来提升小学生的课堂注意力，可以设计学生学习光荣榜，用于记录学生在学习中良好的行为表现，其中就包括上课注意力的表现，当积分达到一定分值时可以减免家庭作业，兑换相应的小礼物等。积分激励能促进学生持续不

---

[1] 仲蕾蕾. 小学儿童视听注意力训练的有效性[J]. 时代教育, 2012(11): 162.

[2] 凌光明. 小学低年级学业不良儿童的有意注意稳定性研究[D]. 苏州大学, 2001.

[3] 周敏. 培养低年级小学生课堂注意力的策略[J]. 全国优秀作文选(写作与阅读教学研究), 2021(4): 32-34.

[4] 朱亚萍. 游戏化教学激发小学数学学习兴趣的研究——以小学二年级数学拓展课程为例[D]. 上海师范大学, 2017.

[5] 丁亚男. 对小学数学小组小团队合作学习教学模式的实践[J]. 学周刊, 2020(16): 105-106.

断地产生良好的表现，推动学生在课堂上集中注意力于学习活动[1]。王程丽将老师暗示、同学监督、自我努力相结合培养学生课堂上的注意力[2]。从学校的实际情况出发，温生彬提出了很多方法，如听小故事后复述、听算、听辨错误、比谁记得多、抗干扰等[3]。

李淑英认为培养学生良好的课堂注意力需要遵循以早为主的原则，让学生在早期的教育活动中就全面接受注意力训练。对小学低年级学生开展注意力训练是非常有必要的，教师要围绕低年级学生的身心发展特征，科学设定干预方法、策略，如对低年级学生开展形象辨别训练、快速反应训练、事物专注训练等，让学生能够更加专注地投入知识探究和课堂学习活动中去[4]。

（三）开发注意力训练课程

有研究人员开发出专门的注意力训练课程。范尔欢运用行为训练法对小学低年级学生的课堂注意力进行训练，结果表明，一个班级在上完一堂注意力的课程后，即时性效果是显著的[5]。李青青、朱海雪运用"舒尔特方格"对18名学生进行注意训练，结果表明，学优生、中等生、学困生的注意力水平均有较大幅度的提升，学困生的注意力水平提升得更明显，同时她们还提出了一些注意力训练实施流程，如数字速算游戏法、数数字法、夹豆子法和复数故事法等[6]。陈蔓莉选取了24名六年级学生参与了7次注意力训练课程的干预研究，在训练课程结束后，实验组被试的注意力水平显著高于对照组。

综上所述，学者们对注意力有着较为全面和丰富的研究。在个体的注意力培养方面，多数注意力培养方法都取得了明显的效果，但是过去培养注意力的训练内容较为单一，且大部分训练都旨在提高个体注意力的稳定性，只有个别训练方式能够对个体注意力的集中性和持续性有明显作用。除此以外，由于受到实施流程、训练

---

[1] 赵若冰. 小学生课堂注意力集中的教学策略[J]. 教师教育论坛, 2017, 30(8): 92.
[2] 王程丽. 中小学生注意力发展及培养研究[D]. 上海师范大学, 2011.
[3] 温生彬. "课堂一分钟注意力训练"应用于小学课堂[J]. 校园心理, 2013, 11 (1): 64-65.
[4] 李淑英. 如何培养低年级学生课堂注意力[J]. 学周刊, 2022(15): 183-185.
[5] 范尔欢. 运用行为训练来提高小学低段学生的课堂注意力[J]. 教育研究, 2013, 11(108): 36.
[6] 李青青, 朱海雪. 小学生课堂注意力提高方法研究[J]. 科教论坛, 2017, 5(39): 67.

仪器、训练场地的限制，以往的注意力训练推广性不够，适用性不高，而且较少对小学低年级学生进行将注意力与其他认知能力结合起来的干预训练。

二、基础认知教育活动课程中的注意力课程的实施

听觉注意是注意力训练的关键项目，因为小学课堂学习中需要大量的注意倾听能力，听觉注意训练项目主要包括：听音识别、指鹿为马、重复句子。视觉注意训练项目主要包括舒尔特方格、找不同、数量统计、影子配对、数字连线（因文本查找在前面作为典型注意力活动做过介绍，这里不再呈现）。注意活动主要包括静心训练和箭头游戏。下面对每一种训练形式进行简单介绍。

（一）听音识别

活动目标：提高听觉注意的稳定性与反应速度。

实施流程：向学生口头说出不同类别的词语，学生认真听，当出现目标词语时学生迅速做出指定的反应。

注意事项：教师最初口语呈现词语时语速要适中，保持一秒两字的速率；随着学生对活动要求的熟练掌握，词语呈现的速度和需要做出反应的难度可以根据学生的反应情况进行调整。

（二）指鹿为马

活动目标：提升听觉注意力的稳定性、反应速度与抑制控制能力。

实施流程：向学生口头报出身体部位的名称，学生快速指向该身体部位。

注意事项：教师最初一定是从一个身体部位的名称开始训练，逐渐增加难度为两个、三个；在正向反应很熟练的情况下进行反向抑制反应，即教师报什么部位名称，学生不能指该部位，部位名称也是逐渐增加至两个、三个。除了身体部位的名称，也可以使用教室内物品名称。

（三）重复句子

活动目标：培养学生听觉注意的稳定性和听觉注意的容量，提高学生在上课听讲时的效率。

实施流程：教师读句子，学生闭上眼睛跟读句子，句子从简单到复杂，越来越长，共有十句，要求学生仔细听。

注意事项：当句子越来越长的时候，能够跟上的人会越来越少，教师需要注意观察学生的反应，到后面太难的情况下，教师可以领读句子，帮学生做好断句。

（四）舒尔特方格

活动目标：提高视觉注意的广度、稳定性、分配与转移速度，改善视觉搜索和辨别能力。

实施流程：在一张方形卡片上画上25（5×5）个方格，格子内任意填入1—25的数字，要求学生按1—25的顺序依次用手指出其位置，同时诵读出声，越快越好。

注意事项：在做舒尔特方格的训练时可以提醒学生在寻找数字的同时，用眼睛的余光来看其他的数字，确保在所有字符全部清晰入目的前提下，按顺序找到所有数字，这有助于提高视觉广度和注意力稳定性。要提醒学生不要一味追求速度，而是要准确地找到每一个数字。除数字之外，拼音、古诗等有顺序的文本也可以作为学生查找的材料。每一个小项目可以反复多次练习，每次训练需记录时间（以秒计时），根据完成项目所用时间判断训练效果。待学生熟练或能够比较轻松地完成之后，可以适当提高难度，如36（6×6）表格、49（7×7）表格等。

（五）找不同

活动目标：提高注意力稳定性、注意分配能力、转移速度与视觉加工能力。

实施流程：让学生仔细观察两张图片，用笔圈出两张图片的不同之处。

注意事项：教师在训练时可以有意识地引导学生运用观察策略，提高观察效率。可以通过增加两张图片中不同处的数量、隐秘性以及将图片颜色由彩色变为黑白来提高题目难度。

（六）数量统计

活动目标：提升视觉搜索能力与分辨能力，增强注意稳定性和指向性，提高加工速度。

实施流程：向学生呈现一定数量的图片/数字/字母/汉字，要求学生在规定时间内尽快完成对目标图片/数字/字母/汉字的数量统计，这些图片/数字/字母/汉字可以是整齐排列的，也可以是杂乱无章的，教师根据题目难易程度自行调整时间限制。

注意事项：教师需要提醒学生从第一行开始，从左到右，一行一行地检查，用不同符号标记指定图片/数字/字母/汉字，集中注意力，用眼睛看，不要用手或笔指着数。每行依次查找，完成一行之后，才能到下一行继续。

（七）影子配对

活动目标：训练儿童空间知觉能力、视觉注意能力和观察分辨能力，提高注意力稳定性与集中性。

实施流程：此项活动需要学生仔细观察所给彩色图片的特征，然后找出彩色图片的影子进行连线或圈画。

注意事项：学生圈画完成后教师需带领大家进行检查，并分析图片的细节特征。教师在训练过程中可以有意识地引导学生运用观察策略，提高观察效率。

（八）数字连线

活动目标：培养学生视觉搜索能力、视觉注意稳定性和注意广度，提高学生在阅读上的持久性和耐性。

实施流程：让学生在打乱顺序的数字表格中根据数字大小依次进行连线。连数时笔尖不能抬离纸面，数与数之间用直线相连，直线需要穿过所连数字，直线可以交叉。

注意事项：教师需要提醒学生按照数字大小的顺序依次连线，必要时指出数字1的位置。可以通过呈现字号大小不一的数字，提高题目的难度，同时提醒学生只关注数字顺序，不要受数字字号大小的影响。

（九）静心训练

活动目标：此项训练包括静心活动类和静心联想类，用于改善注意力持久性和稳定性品质。

注意事项：教师需要放缓语速，语气柔和，有感情地说出指导语，随时观察孩子的表情，必要时可以配上一些应景的声音，如海浪、微风吹拂的声音等。

（十）箭头游戏

活动目标：提高注意稳定性与反应速度，增强抑制控制能力。

实施流程：向学生讲解《教师用书》上的活动规则，然后在PPT上呈现题目。

注意事项：教师需要按照《教师用书》上的要求制作PPT，确保在学生理解活动规则后开始练习和活动。可以让学生以小组接龙的方式进行，也可以让学生统一回答。

第二节 工作记忆课程的实施

一、常用的工作记忆干预方法

工作记忆干预（Working Memory Training）主要是指通过操作电脑等设备来完成自适应的工作记忆相关任务，是在刻意地练习或有意地指导下提高认知功能的过程。通常采用与工作记忆相关的任务（比如：工作记忆广度训练任务、n-back训练任务等）对个体进行短期训练（通常训练时间为3~6周，每周5天，每天20~45分钟），以期提高个体的工作记忆能力及其他的一般认知能力，比如流体智力、阅读能力等[1]。

（一）工作记忆干预方法

工作记忆训练相关研究通常采用训练组、控制组前、后测的实验设计方式，通过一定的训练程序对随机选取的被试进行短期的训练，经过一段时间后，考查训练组在各测验任务中的成绩表现。这种类型的实验设计往往涉及：（1）随机分配训练

---

[1] Fellman D, Jylkkä J, Waris O, et al. The role of strategy use in working memory training outcomes[J]. Journal of Memory and Language, 2020, 110: 104064.

组和控制组；（2）对于想要考查的任务进行相应的前测；（3）对训练组进行一段时间的干预；（4）对于前测中考查的任务（或平行任务）进行相应的后测。这样的实验设计可以更精准地表明训练效果是由实验操作引起的，可以更好地维持实验的内部效度[1]。

目前，工作记忆训练的研究使用的任务比较多样化，通常采用自适应训练任务（如：自适应 n-back 任务、自适应活动记忆任务）。自适应训练任务的难度通常会随着被试熟练程度的提高而不断增加，当被试在任务中表现不好时，训练任务的难度就会降低[2]。根据使用的任务材料来分类，训练任务可以分为单一任务的训练模式（如：单一 n-back 训练、工作记忆广度训练）和双任务的训练模式（如：自适应双 n-back 训练、复杂广度训练）等。单一训练任务往往采用较为单一的刺激材料（如：数字或字母），而双任务训练模式往往采用两种或多种不同类型的材料或者任务类型。例如，自适应双 n-back 训练任务就是采用了言语刺激和视觉 – 空间刺激这两种材料的训练范式。

（二）针对工作记忆不同成分的干预方法

工作记忆由语音回路、视觉空间模板、中央执行系统三部分组成，工作记忆训练主要是通过不同的范式对这三个组成部分进行系统训练，以提高被训练者的工作记忆能力。

在工作记忆这三个成分中，中央执行系统被认为是工作记忆系统的核心。中央执行系统的功能是相对独立的，刷新、抑制和转换能力在复杂任务中分别起着不同的作用[3]，对中央执行系统进行的训练研究也是从这三个方面开展的[4]。常用的刷新的训练范式有 n-back 和活动记忆范式，其中活动记忆范式是工作记忆刷新常用的测量方法，该任务要求被试看一些未知长度的项目串，然后按照顺序回忆一个指

---

[1] Chein J M, Morrison A B. Expanding the mind's workspace: Training and transfer effects with a complex working memory span task[J]. Psychonomic Bulletin & Review, 2010, 17: 193-199.

[2] 宋杰, 赵琬, 张秋梅, 等. 大学生工作记忆广度训练迁移效应的行为学与影像学研究[J]. 中华行为医学与脑科学杂志, 2020, 29(10): 909-914.

[3] Baddeley A. Working memory[J]. Science, 1992, 255(5044): 556-559.

[4] 赵鑫, 周仁来. 工作记忆训练：一个很有价值的研究方向[J]. 心理科学进展, 2010, 18(5): 711-717.

定长度的项目串。活动记忆范式较好地体现了对输入信息的监控，即用与当前任务相联系的较大的新信息来替换与任务无关的旧信息的能力，更重要的是，活动记忆任务是一个"纯"工作记忆中央执行系统功能任务。

研究语音回路通常是分析数字与词的广度，由于数字和词都有可能与被试已有的知识或词汇有关，但大家对数字的熟悉程度比较一致，而对词汇的储备差异可能会更大，因此采用数字运算广度任务对语音回路进行测量更好。运算广度任务要求被试对一系列视觉呈现的数字进行加工，加工的操作任务是简单的算式题，要求被试计算并记住答案并以正确的顺序对结果进行回忆。运算广度任务常应用在对学龄儿童的训练中。九格任务是考查视觉模板的经典任务。在任务中，首先会呈现一个 3×3 的背景图片，上面含有 9 个格子，在九格内会出现 1 个或若干个刺激。

对视觉空间工作记忆的考查，是要求被试记住字母在空格中的位置，刺激呈现过后，会出现一个掩蔽刺激，之后会再次呈现一个九格矩阵，被试需按键判断再次出现的图形是否和之前的图形一致。

（三）基于工作记忆核心和策略的干预方法

工作记忆实施流程一般可分为基于核心的（针对一般能力）和基于策略的（针对改变信息组织和编码方式的特定认知策略）这样两种方式。

1. 策略训练

策略训练又叫外显的训练，是以工作记忆的使用策略为训练重点，通过对被试进行工作记忆的策略指导（如对信息进行编码和提取的方法等），来提高工作记忆能力。工作记忆的策略训练一般有复述、组块和联想三种形式，目的是提高延迟一段时间后信息保持的任务成绩。训练时，主试会将具体的任务策略介绍给被试，然后在训练中鼓励被试使用策略[1]，以提高训练任务的成绩。研究发现，复述训练能够提高训练任务的成绩。Flavell、Beach 和 Chinsky 发现儿童在复述训练后相应提

---

[1] Morrison A B, Chein J M. Does working memory training work? The promise and challenges of enhancing cognition by training working memory[J]. Psychonomic Bulletin & Review, 2011, 18: 46-60.

高了记忆回忆成绩[1]，还有研究者证明了成人和儿童在训练后提高了工作记忆任务成绩。策略训练比较受限于记忆材料和任务，是一种外界与内部的记忆策略相互结合的过程。

2. 核心训练

核心训练又叫内隐训练，是对工作记忆内隐且核心的认知过程进行训练，以工作记忆的工作机制和认知过程为训练重点，通过高要求的工作记忆任务的重复训练来扩展工作记忆广度，促进认知效能和工作记忆能力的提高。使用的任务一般涉及连续加工和频繁的记忆更新。使用的方法包括：Kitchen-sink 方法——用多种变化刺激形成的几种训练任务汇编而成，如 Klingberg 等人设计的训练任务是由一系列包括倒背数字广度、位置记忆、追踪移动视觉目标的工作记忆任务以及其他几种任务构成的[2]；GOGITOS 模式——包括工作记忆、感知速度、情境记忆等多种任务，虽然每种任务都会对工作记忆产生影响且能够迁移，但是无法区分这些任务各自的影响是什么；单一训练任务——Verhaeghen 等人使用了只有一种训练任务的方法，以便对要研究的机制进行更加精准地训练[3]。北京师范大学心理学院、北京师范大学心理学院应用认知研究所、北京师范大学情绪调节研究中心，通过活动记忆任务（字母活动记忆任务、方位活动记忆任务、动物活动记忆任务），对工作记忆刷新功能和干扰抑制功能进行训练[4]。

综上所述，工作记忆训练的有效性已获得国内外多项实证研究的证实。在个体工作记忆训练方面，虽然多数工作记忆实施流程均取得了明显的效果，但是实际过程中工作记忆实施流程和一线教学课堂是割裂开的，并没有将工作记忆训练的方法和效果有效地迁移到教学课堂中去。另外，工作记忆的相关测评与训练软件虽已得

---

[1] Flavell, Beach, Chinsky. Spontaneous verbal rehearsal in a memory task as a function of age[J]. Child Development, 1996(37): 283-299.

[2] Klingberg T, Fernell E, Olesen P J, et al. Computerized training of working memory in children with ADHD-a randomized, controlled trial[J]. Journal of the American Academy of Child & Adolescent Psychiatry, 2005, 44(2): 177-186.

[3] Verhaeghen P, Cerella J, Basak C. A working memory workout: how to expand the focus of serial attention from one to four items in 10 hours or less[J]. Journal of Experimental Psychology: Learning, Memory, and Cognition, 2004, 30(6): 1322.

[4] 赵鑫, 王一雪, 刘丹玮, 等. 工作记忆刷新训练对儿童流体智力的影响[J]. 科学通报, 2011, 56 (17): 1345-1348.

到一定的应用，但由于受到训练仪器和方法的制约，仍未能普及到各城市、学校，其训练推广性仍然不够，适用性不高。工作记忆作为人类认知的核心，在个体的认知行为中具有不可替代的作用，是个体在复杂认知行为中表现差异的重要的甚至是核心的因素。工作记忆训练是一种针对儿童、青少年的有效认知干预手段。因此，对工作记忆的训练要及早进行，与其他认知能力训练相结合，对小学一、二年级学生进行训练，保证训练效果。

二、基础认知教育活动课程中的工作记忆课程的实施

训练工作记忆的目的是学生更准确完整地完成学习、运算、推理、语言理解等许多复杂的学习活动。在小学阶段，知识的提取和储备是十分重要的，基础认知教育活动课程中工作记忆这一模块的训练主要通过短时的游戏活动来训练学生暂时性知识加工与储备能力，提高学生的短时记忆容量，我们将这一部分分为刷新任务、抑制控制、听音排序、记忆训练四个方面对学生进行训练，除此以外，还穿插着其他训练项目，如重复句子、译码、译码运算、听不同、记忆方格、听音倒背等。下面对每一种训练形式进行简单介绍（前面介绍过的项目，这里不再重复）。

（一）刷新任务

活动目标：提高记忆刷新速度与工作记忆容量，训练注意力的稳定性与指向性。

实施流程：向学生讲解《教师用书》上的活动规则，然后在PPT上呈现题目。

注意事项：教师需要按照《教师用书》上的要求制作PPT，确保在学生理解活动规则后开始练习和活动。注意图片呈现的时间是1.5秒。对于每道题，先呈现图片，再说明题目要求。

（二）听音排序

活动目标：提高工作记忆容量与注意稳定性。

实施流程：依据一般人短时记忆容量 7 ± 2 的法则，教师向学生口头说出 5～9 个不同词语和数字，学生听到后根据规则做出相应反应。此项训练可以有多种实施形式，如听到一串数字后按照数字大小进行排序，或听到不同类别的词语后按照类

别进行排序。

注意事项：教师报出词语或数字时语速要慢，一般一秒一词。要在开始练习前让学生明白题目要求和规则，如按照什么样的规律排序。教师也可以补充更多的词汇，尽量从学生使用的教材或课外阅读材料中选择词汇。

（三）记忆训练

活动目标：提高记忆刷新速度与短时记忆容量，训练视觉加工能力。

实施流程：向学生讲解《教师用书》上的活动规则，然后在PPT上呈现题目。

注意事项：教师需要按照《教师用书》上的要求制作PPT，确保在学生理解活动规则后开始练习和活动。根据学生的当前水平，由易到难、循序渐进地展开练习。可以通过控制图形的数量、抽象程度以及图片呈现时间调整题目难度。在训练过程中教师应结合课程材料为儿童提供适当的记忆策略并引导他们加以运用，如复述、联想、分类、自我询问问题等。

（四）译码运算

活动目标：提高短时记忆容量和时长以及基础运算能力，学会运用恰当的策略进行符号翻译和运算。

实施流程：事先提供线索——图片和对应的数字，学生根据这些线索进行运算。

注意事项：教师需要观察学生译码运算时的译码对错和运算对错情况，结束后带领学生一起进行检查。

（五）听不同

活动目标：提高短时记忆能力和听觉注意集中性。

实施流程：教师读出几组句子，每组都有非常相似的A句和B句。请学生闭上眼睛仔细听，找出A句和B句中不同的地方。

注意事项：教师读句子时要语速缓慢、有感情。每组结束后，带领学生进行检查。

（六）记忆方格

活动目标：提高短时记忆能力和视觉注意集中性。

实施流程：向学生讲解《教师用书》上的活动规则，然后在 PPT 上呈现题目。

注意事项：教师需要按照《教师用书》上的要求制作 PPT，确保在学生理解活动规则后开始练习和活动。提醒学生仔细并快速记忆方格中的字母和数字，因为题目呈现时间很短。

（七）听音倒背

活动目标：提高工作记忆能力和听觉注意集中性。

实施流程：教师口头说出一串数字或数字与词语的组合，学生需要按照相反顺序进行复述。

注意事项：教师在说数字、词语时语速要缓慢，留给学生记忆的时间。遵循记忆容量 7±2 的规律，每一串数字或数字与词语的组合不超过 9 个。可根据学生的反应情况，通过增加或减少数字/词语的数量调整题目的难度。

第三节 加工速度课程的实施

一、常用的加工速度干预方法

目前关于加工速度训练的研究较少，不同个体对训练的反应和受益程度可能存在差异，难以精确预测和解释。一些研究者称加工速度为知觉速度或信息加工速度，通常采用寻找/匹配速度、检测时间、刺激辨别时间和反应时[1]等任务对其进行测量。

之前较常用的测量任务有：①数字符号代换；②字母比较、数字比较、模式比较；③数字抄写；④画线；⑤图形匹配；⑥划消；⑦其他一些工作记忆的测试指标。信息加工速度同样也是可以通过训练得到提升的，程黎等人在研究中采用经典任务 - 抽象匹配任务对 88 名小学一年级普通学生进行了信息加工速度训练，研究结果显示，经过五个月，被试在抽象匹配任务中的反应时有明显减少[2]。

在以上研究中，虽然短期效果可能显著提高，但长期效果能否维持仍需进一步

---

[1] 程黎,刘正奎,施建农.练习对不同智力水平儿童信息加工速度的影响[J].中国临床心理学杂志, 2008, 16(6): 637-639.

[2] 反应时指的是机体从接收刺激到做出反应动作所需的时间。

观察。在一种任务上的训练效果是否能广泛迁移到其他任务上，还存在不确定性。有些实施流程可能过于单一，无法全面提升加工速度。因此，针对以上加工训练的不足之处，训练任务中需增加对其他认知能力的要求，对小学低年级儿童进行有针对性的训练。

二、基础认知教育活动课程中的加工速度课程的实施

学生在课堂听讲或做课后练习时，需要对教师所讲授的内容迅速做出反应并加以处理，紧跟教师的教学节奏，如此方能更好地适应课堂学习。存在阅读障碍或数学学习困难的儿童，在语音加工任务、视听觉以及问题解决等方面均呈现出加工速度缺陷。加工速度比较慢的个体往往需要更长的时间来完成日常作业和任务，也更容易引起大脑的疲劳[1]。儿童在阅读和书写上速度缓慢，难以跟上老师上课的节奏，长此以往，容易出现听不懂、注意力不集中等问题，进而间接导致在练习、写作业等学习活动中效率低下且准确性差[2]。随着年级升高，多步骤的任务或更密集的信息越来越多，这更需要学生具备良好的信息加工能力。

划消任务是加工速度这一模块的主要任务形式，第三章中已经将其作为典型活动做过介绍，这里将进一步介绍实施过程中教师应注意的事项，确保训练效果。对于加工速度模块的另一构成部分——快速反应游戏和活动，也一并加以介绍。

（一）划消任务

活动目标：通过寻找指定目标来提高学生视觉注意力和视觉广度。同时可以提升学生的观察、类同、区分等能力，培养他们的耐心和细心。

实施流程：学生需要在规定时间内将指定内容（图片、汉字、数字、字母等）全部标记出来。

注意事项：

第一，不同类型的划消任务可以锻炼学生不同的能力，教师可以根据学生的年龄、学习阶段和个体差异，选择合适的划消任务进行训练，以达到最佳的训练效果。

---

[1] 魏玉萍. 小学生课堂注意力分散及其干预研究[D]. 鲁东大学, 2013.
[2] 李南平, 齐凤荣. 儿童上课注意力不集中的影响因素分析[J]. 中国妇幼保健, 2007(32): 4569-4571.

以数字划消任务为例，如划掉所有的数字"5"，划掉数字"5"前面一位数字，把"5"前一位的数字"6"划掉，把左右相邻两个数字相加和为10的数字圈出等，训练的难度和综合性水平不同。

第二，可以根据题目的难易程度自行调整时间限制。

第三，注意引导学生按顺序完成游戏。在进行划消游戏时，需要要求学生从左到右和从上到下完成游戏，尤其是遇到多行多列的游戏时，一定要遵从先从左到右，再从上到下的原则。这也符合我们对阅读及书写的操作要求。

第四，注意区分划消符号。在进行多目标游戏时，学生要注意区分符号，如在进行数字划消任务时，学生寻找目标"1""3""5"，那么在划消的过程中，学生以"1"用横线，"3"用圆圈，"5"用三角形的方式进行区分。

第五，划消训练可以划分多个不同的维度。一般初学者以第一阶段为目标进行游戏，每次进阶到下一阶段的游戏时，可以先以1个目标为主，然后循序渐进，增加至2个或3个目标。

第六，培养学生自我检查。检查是一个很重要的学习能力，在学生完成划消游戏后，可以要求学生再自我检查一遍，看是否存在遗漏、漏数、多数等情况。

（二）反应速度游戏

活动目标：这些游戏旨在通过轻松活跃的同伴活动提高学生的反应速度和注意力稳定性，同时也能增强学生之间的互动和合作。

实施流程：反应速度游戏包括击掌比赛、快速反应、物品识别反应、反应挑战、光速娃娃机、萝卜蹲、说大比小、反应接龙、抓鸭子活动等，教师需要在游戏开始前向学生讲明《教师用书》上各个游戏的规则。

注意事项：

第一，在活动时，教师注意把握课堂秩序，提醒学生遵守游戏规则，不要做游戏之外的事情。

第二，有时候学生在进行快速反应练习的时候，会因为急着跟随做动作而没有把动作做到位。如果有这种情况发生，教师需要适当放慢速度，在看到学生做出正确且相对标准的动作时才换下一个动作。

第三，在训练中可能出现的一种情况是，学生因为急着做动作，有可能会根据过去的经验，在教师示范之前就换了其他的动作，然后在看到教师示范时又跟随换了动作，于是出现"正确模仿—自发动作—跟随模仿—自发动作"这样的反应链。如果有这种情况发生，教师需要放慢速度，在一次练习中，如果学生出现自发动作超过3次，要停止这轮训练，重新和学生说明规则，再从头开始。

第四节 数学认知课程的实施

一、常用的数学认知干预方法

（一）数学认知训练的方法

1. 数学认知策略

学习者在数学学习过程中为达到预先设定的认知目标而采取的各种思维方式、手段或技能，这一过程不仅包括心理过程，还包括外显的行为表现。小学数学认知策略主要包括复述策略、精加工策略和组织策略。

（1）复述策略

美国教育家奥尔康已证明：对学习材料不进行复述，可以记住的内容只有30%，但在阅读一遍材料后再进行复述，则可以记住70%的内容。这充分说明，复述对记忆和理解具有重要意义。在数学学习中，学生要识记的内容很多，比如数学概念、数学定理、数学公式等，以及需要理解题干信息等。

①重复

在小学生的数学学习中，重复是比较常见的一种复述形式。重复有两种方式，一种是口语表达，如学生重复老师的话语或跟随老师复读公式定理等；另一种是抄写，如一些重要的解题步骤、公式、定理、规律等，有必要让学生进行抄写记忆，并规范书写格式。

②画线

画线常见于学生解题的时候，如题目"哪个的数量多"，教师让学生将重点词画线，学生则将"哪个""多"画线。又或者在学习一些定理时，请学生将重点进行画线。通过画线能突出关键信息，有利于学生筛选并掌握重点。

③做记录

在《测量单位》的教学中，教师引导学生对厘米、分米、米之间的换算进行探究，学生测量生活中的物品，再将所得数据进行记录，做记录不仅能使学生对数据一目了然，更重要的是能帮助学生掌握数据信息的处理方式。

④复习

复习是对已学知识的回顾。在小学数学学习中，复习可以是当学生遇到不会做的题时，去温习以前学过的知识来解决问题；可以是教师通过设计教学活动引导学生进行单元复习；也可以是指导学生搜集错题重做，如定期指导学生收集整理以前的错题，并在错题本上反复重做；还可以是教师梳理学生的错误类型，融入自己的数学教学中，以达到复习的效果。复习的方式多种多样，教师可根据学生的特点来创新复习的方式并指导学生，以期达到良好的学习效果。

（2）精细加工策略

精细加工策略是学生对所学知识进行深入的分析与加工，理解深层意义。

①想象

想象是人们在头脑中处理改造已有表象并形成新形象的一种思维形式和心理过程。在数学学习中，想象能为学生的有效思考提供帮助，也能不断激发学生的求知欲和创造意识，有助于学生提升数学思维。

②提问

常见的提问是教师对学生的提问，但还包括学生对教师的提问、学生之间的提问和自我提问。在数学学习中，提问常常只作为一种教学方法，这使得学生的学习比较被动，不一定能有效理解到自己想要的知识。而自我提问不仅能解决这一问题，也有助于学生深入理解知识，激发学生数学思维的同时培养自主学习能力，因此，教师在教学中需要对学生进行提问策略的指导。

③做笔记

做笔记不同于做记录。做记录是一种复述方式，是对事实的陈述。而做笔记，是学习者对学习内容进行有选择性地加工并记录。做笔记不仅可以控制学习者的注意力，还能帮助学习者发现新旧知识之间的内在关联，甚至还可以通过记录保持对知识的记忆。做笔记能有效训练学生集中注意力，并在笔记构建过程中锻炼其逻辑思维能力，有利于他们后续的数学学习或其他学科的学习。

④类比

类比是对两个或两类在某些属性上相同或相似的事物所作的一种类推。类比不仅是学生理解新知识的重要策略，也是教师数学教学的重要手段。采用类比的方式，不仅可以将抽象的内容具体化和形象化，还可以使陌生的知识转化为学生熟悉或学过的知识。

（3）组织策略

组织策略实质上就是学生将所学知识组织化、系统化和形象化，从而清晰地把握知识脉络。

①列提纲

提纲是知识的精华部分，它可以帮助学生厘清知识脉络与结构。列提纲就是将学习内容的要点以纲要的形式列出来，用简洁明了的关键词概括主要内容和次要内容。在小学数学教学中，教师可以按一定逻辑关系将教学内容以列提纲的方式呈现出来。在教学结束时，有意识地引导学生再次回顾，以加深学生对知识探究过程的记忆。

②图示

图示是指"以图示意"。苏霍姆林斯基说过，"在动手解答习题之前，学生先把应用题画出来。教师要教会学生把应用题画出来，使学生的思维从具体向抽象过渡。教师应当引导学生用符号式图画代替具体的陈述，学生通过符号式图画达到对事物之间关系和相互联系的理解"。在数学的学习过程中，常会遇见一些比较复杂的问题，学生难以理解。对这些复杂且难以理解的题目，采取图示的方法能帮助学生理解题意、理解复杂的问题情境，把复杂的问题简单化，厘清数量关系，正确把握数学问题解决的关键。

③归纳

归纳是对所学内容进行整体概括，包括知识、技巧或规律，它能把散乱的知识条理化，能训练学生的有序思考，培养学生的归纳能力和逻辑思考能力。但在实际教学中，很多教师是自己总结，忽视了学生的体验。很多学生在数学学习中喜欢对概念或公式死记硬背，不会举一反三，局限了数学思维。究其原因，除了学生没有理解知识之外，还有可能是学生没有对知识、方法等进行归纳总结。

综上所述，目前研究中关于数学认知能力的训练内容较为单一，无法全面涵盖数学认知的各个方面，大多依赖于某种特定的实施流程，限制了其广泛应用。另外，在训练过程中未能充分考虑训练者的动机、兴趣和情绪对训练效果的影响。研究成果在教育实践中的转化和应用也还需要进一步加强。基于此，特开发数学认知训练内容，与小学生必备认知能力训练相结合，对小学低年级学生进行认知干预训练。

二、基础认知教育活动课程中的数学认知课程的实施

以上实施流程多出现在整班教学之中且多处于被动认知，适合各方面（注意力、记忆力、学习习惯等）发展良好的学生，能力稍弱一点的学生会出现畏难情绪或厌学心理，因此，在基础认知能力提升训练中，强调以主动认知为主，主动认知是一种态度，更是一种学习方法。当儿童以自觉、自愿的姿态加入对数学知识的探究之中，他们的个人生命体验才会在无形之中融注到数学认知活动中，对数学知识的理解也才能真正地到达较深的思想维度[1]。小学阶段是培养学生数学认知能力的关键期。通过几个模块的训练，训练难度层层递进[2]。在不同的数学训练任务中，学生对数学问题的表征及加工能力，以及学生的认识思维方式灵活性等都可以得到有效的锻炼。本课程中数学认知模块的训练项目结合学生课程学习的内容，主要包括：言语空间关系（前面已有介绍，此处不再重复）、数字推理、图形拼接、数字任务、数量估算、数字加减法、隐藏图形、图形计数、等量代换、逻辑推理、数字火车。

（一）数字推理

活动目标：锻炼和提升学生的数学推理思维，培养敏锐的观察力和对数字规律的洞察力。

实施过程：展示一组具有规律的数字，其中至少缺失一项。接着，要求学生细心观察这些数字的排列规律，通过推理将空白项填补完整。

---

[1] 袁月. 基于眼动数据的小学生注意力特点及提升[D]. 浙江工业大学, 2019.
[2] 凌光明. 小学低年级学业不良儿童的有意注意稳定性研究[D]. 苏州大学, 2001.

注意事项：在解答数字推理题时，教师应引导学生探索合适的解题方法和技巧。随着学生在此类题型上的完成熟练度的提高，可相应缩短他们的答题时间。可根据学生的心理和年龄特点，结合教材内容，进行该项活动的拓展训练。

（二）图形拼接（裁剪类、旋转类）

活动目标：培养学生的空间观察能力和推理能力。

实施过程：要求学生从右侧列出的图形中挑选图案，使它们恰好能够拼凑成左侧给出的图形。

注意事项：初次练习时，教师可以为学生提供实物卡纸，便于学生理解，同时可以增加活动的趣味性以提高学生的参与度。可以根据学生的实际情况，调整图形拼接题型的难易程度，如变换图形的数量、形状，呈现的选项可以是简单分割后的图形，也可以是经过分割、翻转或旋转等操作后的图形。

（三）数字任务

活动目标：培养学生对数字大小的感知能力，提高反应速度。

实施过程：向学生讲解《教师用书》上的活动规则，然后在PPT上呈现题目。

注意事项：

第一，进行数字任务时，可以先以3～5个数字为一组，然后增加至5～10个数字为一组，甚至更多，循序渐进地提高难度。

第二，此题型中数字字号的大小不同，因而难度不同，比如，数字数大的，字号反而小，题目难度增加，可根据学生情况调整，同时提醒学生只关注数字数的大小，不要受字号大小的影响。

第三，随着学生对完成该任务熟练度的提升，可以适当缩短他们的作答时间。

第四，该任务可以通过比赛、游戏等形式进行，以增加趣味性和挑战性。

（四）数量估算

活动目标：有效培养学生对数字的感知能力，提高视觉加工水平。

实施过程：向学生讲解《教师用书》上的活动规则，然后在PPT上呈现题目。

注意事项：可以采用增加形状颜色、缩小两幅图中形状数量差距、缩短思考反应时间等方式，提升题目难度。可能存在多种估算方法，注重培养学生的发散思维和多角度思考能力。

（五）数字加减法

活动目标：领悟加减法的概念，提升数学计算能力和反应灵活性，为今后的数学学习奠定坚实的基础。

实施过程：向学生讲解题目要求，确保学生理解要求后再开始作答。

注意事项：

第一，为学生的计算提供多种策略，如凑十法、分解法、借位减法等，让学生依据题目特点选取适宜的计算方法。

第二，随着学生学习能力的提高，建议在计算练习中适当加入一些笔头练习。教师可以设置一些限时计算练习或竞赛，使学生在紧张的氛围中迅速完成计算。同时，教师还可以引导学生进行心算训练，以提高他们的心算能力。

（六）隐藏图形

活动目标：提升学生对图形特征的敏锐观察力，培养其空间感知和逻辑思维的能力。

实施流程：教师展示上方的目标图形并清晰描述其特征，然后让学生在下方复杂图形中寻找相同图形。

注意事项：选择难度适宜且有趣的图形，关注学生的个体差异，适时提供相应帮助，同时鼓励学生采用多种方法寻找图形以拓展思维。

（七）图形计数

活动目标：提升学生的观察力、专注力以及对空间图形的组合和分解能力，帮助学生理解数学思维中的数量概念和几何图形之间的联系。

实施流程：展示图形，向学生明确题目要求。

注意事项：按从简单到复杂的顺序选择图形，循序渐进地提高题目难度。计数过程中，教师适当引导学生按一定顺序（如从左到右、从上到下）进行观察和计数，强调计数的有序性，避免混乱。学生得出结果后，鼓励他们分享自己的计数思路。最后，教师进行核对和讲解，要关注学生的个体差异。

（八）等量代换

活动目标：提升学生深度理解等量代换概念的能力，提升其逻辑推理和分析问题的能力，培养灵活的数学思维。

实施流程：向学生讲解题目要求，确保学生理解要求后再开始作答。

注意事项：教师呈现具有等量代换规律的数字示例，引导学生观察数字的变化特点及相互关系。结合学生的实际情况，教师适时地给予启发和提示，学生依据发现的规律填写空缺数字，之后分享思路，教师进行点评和总结，强化对规律和等量代换的认知。鼓励学生多角度思考，不局限于单一方法；关注学生的理解程度，及时解惑；强调规律的普遍性和适用性；培养学生检验答案的习惯，确保准确性。

（九）逻辑推理

活动目标：培养学生的逻辑思维能力和推理分析能力，提高解决问题的能力和思维的严谨性，增强对语言信息的理解和处理能力。

实施流程：向学生讲解题目要求，确保学生理解要求后再开始作答。

注意事项：情境描述要清晰准确，确保学生理解题意；给予学生足够的思考时间和表达机会，鼓励学生阐述自己的推理过程；在引导过程中要注重启发；对于学生的不同推理思路要给予尊重，同时进行分析，帮助学生纠正逻辑错误。

（十）数字火车

活动目标：锻炼学生的观察力、分析能力和数字运算能力，培养其逻辑思维和创新思维，提高学生对数学的兴趣和探索精神。

实施流程：向学生讲解题目要求，确保学生理解要求后再开始作答。

注意事项：此题型的设计本身具有趣味性和一定的挑战性，规律不是过于复杂或隐晦的。鼓励学生大胆尝试不同的思路和方法，分享找到的规律和填法，注重引导学生自主思考，避免直接给出答案，对于学生的回答，及时给予积极反馈。

第五节 计划能力课程的实施

一、常用的计划能力干预方法

计划能力侧重于在学习过程中对有效策略的选择和运用，通过使用策略对新知识进行分析、加工，与头脑中已有的知识建立联系，理解其背后的深层意义，以促进对新知识的理解和记忆。从这方面说，计划能力的训练和精细加工策略的训练方法很相似。因此，计划能力的训练也可以从精细加工策略的训练入手。常用的精细加工策略训练方法主要有位置记忆法、首字联词法、关键词法、视觉想象、建立类比、做笔记、解释、提问、联系实际生活和充分利用背景知识等方法。

在小学一、二年级学生的计划能力训练中，涉及以下方法。

- 充分调动学生的积极性和参与度，比如设计有趣的活动形式，让他们乐于参与到计划能力训练中。

- 开发带有生活气息且富有趣味性的训练内容，如模拟安排一天的校园生活或者周末家庭活动计划。

- 与其他认知能力的干预训练相结合，同时也可以结合精细加工策略，例如运用关键词法帮助学生梳理计划要点，通过视觉联想让学生更好地想象计划流程，利用概括大意的方式让学生学会提炼计划重点，以及建立类比，帮助理解计划步骤之间的关系；做笔记，记录计划内容；解释计划细节；完善计划；联系实际生活，使计划更具操作性；充分利用背景知识，让计划更合理等。

二、基础认知教育活动课程中的计划能力课程的实施

在学校中，有相当数量的小学生无法有意识地提前对学习生活进行自我规划，缺乏学习的主动性。一些学生虽然大致了解自己需要完成的学习任务，但对于任务的主次、如何合理安排时间和步骤缺乏一定的认知，难以采用有效的方法进行学习，无法对行为的有效性进行调节和控制，导致学习效率低下。例如，在进行含有简便算法的连加运算时，学习困难儿童往往会从头开始逐个进行加法运算，而不会考虑是否可以找到其中的数字规律来进行简便运算。

计划能力训练的目的是学生在学习过程中能够对出现的问题灵活使用注意和记忆策略，迅速采取相应的措施，有计划地解决问题。这一模块的训练包括译码（前面已做介绍，这里不再重复）、一笔画、物品分类、最省时、数字或字母匹配、三段论推理、拼音连线、连一连等。

（一）一笔画

活动目标：提高学生在图形加工方面的计划能力，提高他们的认知灵活性，锻炼他们的注意力、耐心和手眼协调能力。

实施流程：学生需要从图形上的任意一个点开始，沿着轮廓进行描画，点可以重合，但线条不能重合，最终完整地勾勒出整个图形。

注意事项：

第一，一笔画题型的答案可能有多种，教师应鼓励学生积极探索，允许不同的答案，培养学生的发散思维。

第二，可以提供各种不同类型的图形，如简单的几何图形、复杂的图案等，增加训练的趣味性，视学生情况变换难易程度。

第三，教师应观察学生所用的策略，鼓励学生分享自己的描画技巧和经验，促进同学之间的交流和学习。

第四，教师可以在课堂上组织小组竞赛或个人挑战，激发学生的竞争意识和积极性。

（二）物品分类

活动目标：培养学生的感知计划能力和对分类概念的理解与运用。

实施过程：学生需要仔细观察每行中的图片，并按要求作答。

注意事项：

第一，可以先采用实物进行分类，之后使用图片进行分类。

第二，在每次分类练习过程中，随机就各个类别中的任意 4~5 种物品进行提问，避免学生因为记住了固定的物品排列位置而完成分类任务。

第三，为了增加活动的趣味性和多样性，可以提供各种不同类型的物品图片，如动物、植物、水果、文具等。还可以逐渐提高题目难度，如引入更多的分类标准或更复杂的物品组合。

第三，可以引导学生讨论分类的方式和依据，促进他们对分类概念的深入理解。同时，鼓励学生提出自己的分类方式，培养他们的创造力，提升思维灵活性。

第四，物品分类活动不仅能够在课堂上进行，也可以延伸到家庭或生活中的实际场景。家长可以与孩子一起进行物品分类的游戏，或者让孩子参与整理房间、收拾玩具等活动，将分类概念应用到实际生活中。

（三）最省时

活动目标：培养学生的计划能力和逻辑性，学会合理安排事项，提高解决问题的效率。

实施过程：教师向学生呈现几个有关联的事件，学生需要认真思考这几个事件之间的逻辑关系，做出正确的排序并计算完成这些事件所用的最少时间。

注意事项：

第一，教师提供的事件应结合学生的生活经验，尽量贴合学生的生活实际。

第二，随着学生能力的提升，可以逐渐增加事件的复杂程度和减少用时，进一步挑战学生的思维和计算能力。还可以引入其他相关的概念和技能，如优先级设置、资源分配等，丰富课程内容。

第三，为了培养学生的团队合作能力和交流能力，教师可以组织小组讨论，学生可以在小组内分享自己的排序和时间计算方法，互相讨论和协商，共同找到最佳解决方案。

第四，教师可以让学生将所学的知识应用到实际生活中。例如，让学生制订自己的日常计划，包括完成作业、做家务、进行娱乐活动等，并计算出所需的时间。这样可以帮助学生将理论与实践相结合，提高他们的计划能力和时间管理能力。

第五，教师应及时给予学生反馈和评估，指出他们在排序和时间计算中的优点和不足之处。通过正面的反馈鼓励学生，增强他们的学习动力，同时提供改进的建议，帮助学生不断提高。

（四）数字或字母匹配

活动目标：培养学生运用计划策略解题的意识，提高视觉分辨能力和注意稳定性，学会将这些技能迁移到其他学习和生活领域，提升综合能力和学习效果。

实施过程：学生需要在规定时间内（一般为 1~3 分钟，视任务难度而定）在每一行中找出两个完全相同的数字/字母或其组合。

注意事项：

第一，在呈现匹配任务时，遵循由易入难的原则，匹配对象的种类由少到多，如从只有数字到数字和字母混在一起，匹配对象的复杂程度也可以逐渐提高，如从单个字母到字母组合。

第二，在活动开始前，教师需要向学生强调规则，必须是完全一样的组合才能进行圈画，以免学生圈出构成要素相同但顺序不同的组合。

第三，在寻找匹配对象的过程中，鼓励学生运用计划策略。例如，他们可以先快速浏览整行内容，确定可能的相同项位置，然后有针对性地进行查找，提高解题的效率。

第四，将任务设计成有趣的游戏形式，增加竞争元素或设置奖励机制，激发学生的积极性和参与度。

（五）三段论推理

活动目标：培养学生运用逻辑思维解决实际问题的能力。

实施过程：给学生呈现由大前提和小前提组成的三段论推理问题，要求他们做出判断。

注意事项：将三段论推理问题与实际生活中的情境相结合，让学生思考和解决与日常生活相关的逻辑问题。在学生做出判断后，及时给予反馈，引导他们发现出错的原因，帮助他们学习正确的推理方法和恰当的解决方法及技巧。通过反复练习和纠正，提高学生的推理准确性。随着熟练度的增加，可以适当缩短学生的作答时间。

（六）拼音连线

活动目标：巩固学生对字母的认知，锻炼他们的书写技能和精细动作能力，提高书写的规范程度。

实施过程：活动前向学生详细解释活动的规则，强调按照声母顺序连接字母，之后按照连接时的顺序将字母抄写到拼音格中。

注意事项：

第一，可以根据学生的情况，利用此题进行有针对性的拓展练习。例如，为了锻炼学生的控笔能力，可以设置更高的要求，如要求学生在连线时线条需要穿过字母且笔不能离开纸面。或者完成抄写后，让学生出声读一遍。

第二，如果学生对拼音记得不牢固，可以先带学生回忆、背诵，再进行认知能力训练。

第三，对于学生在读写时出现的错误，一定要注意纠正，否则学生可能以后还会出现同样的发音和书写错误。

第四，在学生完成连线后，鼓励他们分享自己的连接方法和思路，可以进行小组讨论，让学生互相交流和学习不同的连接方式，促进思维的拓展。

第五，在学生完成抄写后，引导他们检查自己的书写是否正确，带领学生共同分析错误，加深他们对拼音的理解和记忆。

（七）连一连

活动目标：培养学生的视觉搜索能力、视觉注意稳定性和注意广度，巩固学业知识。

实施流程：让学生在打乱顺序的文本中根据要求依次进行连线。连数时笔尖不能抬离纸面，字与字之间用直线相连，直线需要穿过所连数字，直线可以交叉。

注意事项："连一连"与上面的"拼音连线"题型较为相似，教师可参考相关的注意事项。对于古诗连线，需要提醒学生按照古诗诗句顺序依次连线，必要时指出起始字的位置。

第五章 基础认知教育活动课程的实施建议

基础认知教育活动课程在编制中以认知理论为依据，基于小学一、二年级学生认知发展水平，且与小学教材内容相结合，从学生已有的生活经验出发，通过图片、视频、音乐、运动等多种游戏化的方式呈现，因此在实施中可以满足多样化场景的应用，既能适应个别化训练，也能够满足小组或集体教学使用，也适用于在家庭中开展相应训练。

本章将重点介绍在学校和家庭两个不同场景中如何开展基础认知教育活动课程，提供具体的实施建议。旨在协助学校和教师优化教学策略，同时鼓励家长参与，共同促进低年级学生认知能力的全面发展。

第一节 给学校的建议

在学校场景的应用中，需要综合考虑课程的时间安排、组织形式和师资配备等关键因素。这要求学校在课程设计和教学管理上进行细致规划，以确保课程的有效性和适应性。通过分层教学策略，学校能够更精准地满足不同学生的认知发展需求，促进每个学生的全面发展。

一、RTI 指导下多层级课程支持体系建构

（一）什么是 RTI

美国早在 1975 年将"学习障碍"作为十三类特殊教育对象写入《残疾人教育法》（IDEA），要求对其提供恰当的有针对性的个别化教育。为了更及时地对学习障碍学生做出反应，RTI 模式应运而生，旨在为普通教育学校中的学习障碍学生建立

连贯的、多资源融合的、完善的三层级支持体系（见图 5.1）[1]。该模式以数据驱动的动态评估为基础，对学习障碍学生进行持续的教育干预，通过过程监测、精准评估与分类，以及基于评估数据的教育决策，确保教育质量。

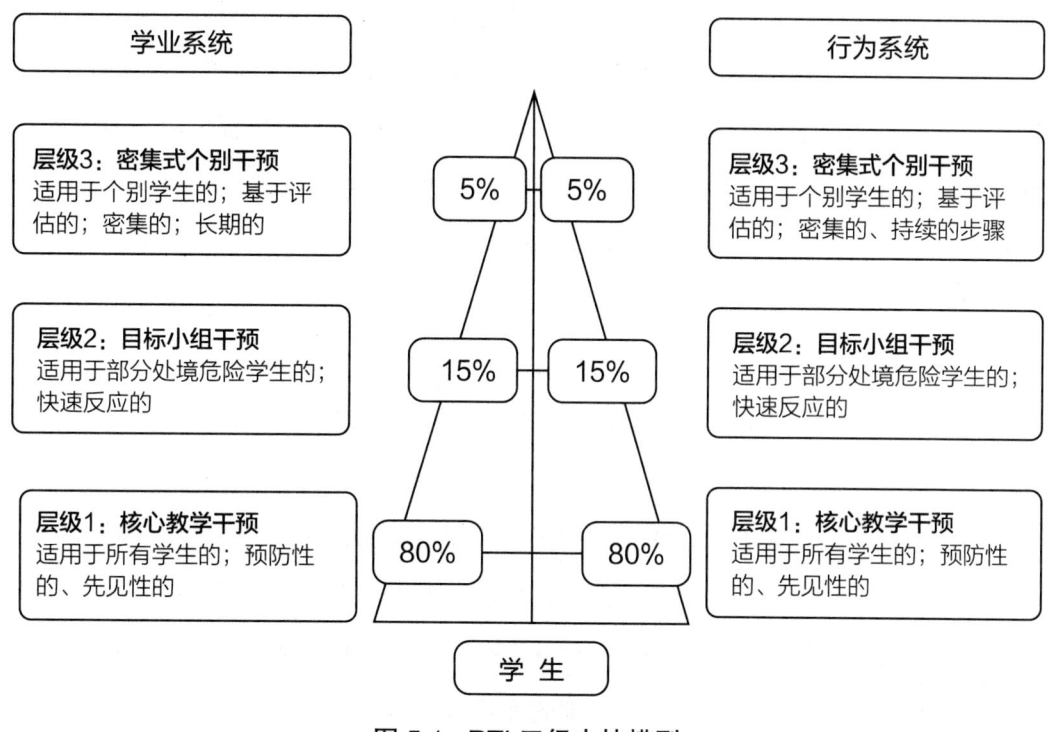

```
        学业系统                                          行为系统

层级3：密集式个别干预                                   层级3：密集式个别干预
适用于个别学生的；基于评      5%    5%               适用于个别学生的；基于评
估的；密集的；长期的                                    估的；密集的、持续的步骤

层级2：目标小组干预                                     层级2：目标小组干预
适用于部分处境危险学生的；   15%    15%              适用于部分处境危险学生的；
快速反应的                                              快速反应的

层级1：核心教学干预                                     层级1：核心教学干预
适用于所有学生的；预防性    80%    80%               适用于所有学生的；预防性
的、先见性的                                            的、先见性的

                                学 生
```

图 5.1　RTI 三级支持模型

在近 10 年间，美国几乎所有州都在某种形式上实施了 RTI，发布了关于本州实施 RTI 的指导性文件，鼓励当地中小学实施 RTI，为学生提供适宜的教育。随着其在实践中的发展，RTI 模式不仅仅关注学习障碍，也关注如何解决发生在课堂教学中的各种学习和行为问题，通过多层级的方法，提高教学质量，为学校中所有处于困境中的学生提供服务，也为学生提供更多成功的机会。

最常见的 RTI 干预模型是三级支持模型，针对不同学习和行为问题的学生，采取不同的支持方式。

第一层级干预是指在普通教育课堂中面向全体学生的教学，是核心教学干预，具有预防性。普通教育教师基于每个学生的学习计划，采用多种支持形式，如创建

---

[1]　陈琦, 刘儒德. 教育心理学[M].2 版. 北京：北京师范大学出版社, 2019.

灵活适宜的学习环境，调整学习目标和内容，提供个性化学习单等方法，实施差异化教学。在普通教育课堂中尽可能让超过 80% 的学生都能成功学习，核心任务是预防学生出现进一步的学习障碍。同时长期追踪学生的学习表现，如果在采取一系列措施后，学生的学业表现仍长期落后，则将这些学生转入第二层级干预。

第二层级是针对无法通过集体教学实现成功学习的占比 15% 的学生，开展目标式的分层或小组干预教育。由普通教育教师或科任教师为学生提供额外的学业方面的指导，避免学生出现更严重的学习障碍。在进行分层或小组干预时，教师会降低教学难度，选择有分层的或有视听辅助的干预材料，借助丰富的呈现形式辅助学生理解和学习，提升学习效率。此外，也会有特殊教育教师或心理健康教师等其他辅助者与干预教师共同对学生的学习进行更为频繁密切的监测和评估。若学生在这一层级获得良好的支持效果，则返回第一层级干预。反之，则考虑让学生进入第三层级干预。

第三层级是针对在前两层级干预中仍然不能适应的占比 5% 的学生。对这一部分学生需要采取更为密集的一对一的个别化教育干预。进入这一层级前，由教科研主任、指导专家、特殊教育教师、心理健康教师、学科教师组成的小组需要对学生进行一系列全方位的评估，并给出详细的评估报告，包括学业评估、认知评估、情绪行为评估及家庭教育摸底和咨询，在此基础上与家长共同为学生制订个别化教育计划，包括学生的教育需求，教育目标、教育干预形式及内容（认知、学业、情绪、行为），评价标准。

"双系统"指面向学生个体的"学业"和"行为"两系统提供综合支持，强调支持的全面性，使学业与行为得到全面改善，促进学生成长。

（二）在 RTI 下建立普通教育学校内的多层级课程实施模式

鉴于 RTI 的优势，学校情境中开展基础认知教育活动课程，也可以在多层级中实施。

第一层级主要为课堂中的课程实施：面向全体，适度兼顾，要正确处理好群体与个体的关系，尽量为学习困难学生提供练习和表现的机会，学习最基础、最关键的内容时更要多加兼顾。教师需将学生个体的教学内容科学地统整（穿插）到集体教育活动中，恰当处理好个别教学（支持）与集体教学的关系。

第二层级为资源教室或小组中的课程支持，课余时间上课，很多在课堂中难以实施的目标或功能性课程可以在这个层级落实，如认知能力的训练、情绪行为的干预等都可以按照个别化训练计划循序渐进地展开。

第三层级为个别支持以及家庭环境中的课程支持。主要是指教师、家长或监护人在学校、家庭中实施个别化教学计划，一是家长能提供更多、更具体的有关学生的详细资料，能和学校一起探讨孩子的课程目标、课程内容等，二是可以在家庭中开展针对性更强的教育活动，家校合作形成教育合力。

通过不同层级的课程支持可以有效解决教学时间不足、课程针对性弱、课程实施效果低等问题；在不同层级中可以更好地实现对课程目标、课程内容及课程评价的弹性处理，进而满足特殊需要学生的个性化学习需求，也为普通教育课程、特殊教育课程的相互衔接和渗透提供了可能。

二、在三层级中开展基础认知教育活动课程的方法

（一）第一层级：集体教学实施

在集体教学中，课程面向所有学生，每次课程时长为10分钟，聚焦于完成一个模块的学习活动。实施此层级课程时，学校需在教学日程中安排固定的课程时间，例如，陕西师范大学实验小学将每天下午课后服务前的10分钟设定为课程时间。应指定具体的教学管理部门，如教学或心理部门，负责课程的统筹、协调与监督。在课程实施过程中，应强调学生的积极参与、活动的趣味性，以及教师对学生表现的及时反馈。

（二）第二层级：小组教学深化

对于在第一层级中反应速度较慢的学生，学校应组织小组教学，每次时长为30～40分钟，每组包含4～5名学生。学校可以灵活安排认知教育活动的教学时间，如利用课后服务、社团活动等时间。在课程内容安排中，也不局限于单一课程内容，可以根据学生的认知能力水平和兴趣，综合安排五个模块的认知教育活动，也可以与学业相嵌套。重点在于确保每位学生都能充分参与，并得到及时的反馈和正强化。

每个活动结束后，教师应引导学生对做题策略进行总结和反思。若学生在小组中表现出色，教师应将所授认知策略与学科学习相结合，为学生的能力迁移打下基础。

（三）第三层级：个别化支持与干预

针对学习有困难的学生，第三层级提供一对一的个别化支持和干预。教师和家长应根据学生当前的认知能力发展水平，选择适宜的课程内容，并逐步实施干预。在每次教育干预中，确保学生能够全面体验课程过程。一旦学生掌握了基础认知能力策略，教师应将其与学生的学业学习相结合，以促进学习策略的迁移和应用。

通过这种分层实施策略，学校能够更精准地满足不同学生群体的学习需求，同时促进学生认知能力的全面提升。

三、多层级课程实施中的评估问题

在多层级课程实施的过程中，评估是推动课程不断优化、适应不同层级学生需求的关键环节。结合基础认知教育活动课程的特点，建议在不同层级采取以下评估方式。

（一）第一层级评估

面向全体学生的课程评价应侧重于普遍性学习成果的测量，尤其关注学生参与度和课程的吸引力。对基础认知能力的集体教学的评估可以采用课堂观察、学生反馈等方式进行。

（二）第二层级评估

在这一阶段，应更深入地关注学生的个体差异，特别是那些在第一层级中表现不佳的学生。评估手段应包括个性化的学习计划、定期的个别辅导和对干预措施效果的监测。

（三）第三层级评估

对于这一层级中需要个别化支持的学生，评估应高度个性化，涵盖认知能力、学业水平、情感和社交技能等多维度。评估工具可能包括心理教育评估、个别化教育计划的定期审查和家庭参与的评估。

在第二和第三层级的评估过程中，标准化评估工具的使用对于准确衡量学生的认知能力和学业水平至关重要。然而，若缺乏这些标准化工具，基础认知教育活动课程的评估可以采取以下替代方法。

可以对学生的过程性表现进行评估，结合长期的学业进展跟踪，以及通过教师和家长填写的调查问卷来收集数据。过程性表现的评估可以侧重于学生在课堂活动中的参与度、互动情况以及问题解决能力。长期学业跟踪则关注学生在一段时间内的学习成果和进步趋势。通过教师和家长的调查问卷则可以收集他们对学生的学习态度、学习动机以及家庭学习状况的反馈。这些非标准化的评估手段能够为教育者提供有价值的信息，帮助他们初步形成对学生学习需求的评估建议。基于这些信息，教育者可以确定学生所属的层级，并据此提供适宜的课程支持。

通过综合这些多源数据，教育者能够更全面地了解学生的学习状况，从而制订出更加个性化的教学计划，确保每个学生都能获得适合其能力和需求的教育资源。这种综合性评估方法虽然不具备标准化评估工具的普遍性和可比性，但它能够提供更为细致和深入的学生的学习状况，为教育决策提供支持。

四、在每一层级中营造支持性氛围

在当前基础教育的发展与改革中，确保每位学生获得公平且高质量的教育是核心目标。依据教育公平理论，学校在教学实践中应致力于满足学生多样化的教育需求，确保每个学生在教学目标设定、内容设计和流程安排上都能得到充分的参与机会。基础认知教育活动课程的实施亦应遵循平等、差异和弱势补偿原则，创造一个公平、公正的教育环境，为不同发展阶段的学生提供适宜的资源和课程内容，确保每个学生都有成功的机会。

五、充分的时间保证

儿童认知发展是一个渐进且稳定的过程，儿童需要充足的时间来吸收、内化和迁移所学的知识。特别是对于小学生，尤其是学习有困难的学生，持续的训练是实现显著效果的关键。在条件允许的情况下，建议学生每天进行 10 分钟的训练，每周至少 5 次。对于学习困难的学生，可以增加训练频次和时长，同时及时满足学生的心理需求，给予正确的评价和适当的鼓励。

六、灵活的课程资源选择

在五大能力框架的指导下，课程活动设计遵循由简入繁的原则，确保任务难度与儿童的最近发展区相匹配。这种设计旨在通过逐步增加挑战性，激发学生的潜能，促进能力的提升。在实际操作中，可以根据儿童的能力特点和成长规律，有序地安排活动，选择每周依次训练五大能力或集中训练一种或几种能力。这种灵活多样的训练方式，既能确保孩子们在各个方面都能得到充分的锻炼，又能让他们在挑战中不断提升，逐步达到预期的训练目标。

此外，按照由易到难的原则安排活动，还有助于培养孩子们的学习兴趣和自信心。他们在完成每个阶段的任务后，都能感受到自己的进步，从而激发起继续学习的动力。在这个过程中，家长也需要密切关注孩子的成长，适时给予鼓励和支持，帮助他们克服困难，实现全面发展。

七、重视全员教师培训

师资配备是基础认知教育活动课程成功实施的关键。建议学校选择一、二年级的全体学科教师参与培训，以营造全员参与的支持性氛围，并将所授策略与常规教学相结合，增强课堂的趣味性和科学性。培训内容应涵盖低年级学生的认知发展特点、常见认知问题、学习困难学生的认知特点，以及课程的具体实施流程。

八、建立与学科教研相结合的教研制度

在五个模块的精心设计中，活动与训练难度呈现阶梯式上升，确保学生能力的逐步提升。同时，部分活动设计紧密结合部编版小学教材内容，有助于学生在实践中巩固和拓展课堂知识。学校方面可建议教师，在活动开展前，利用教研时段深入了解训练内容、规则及活动流程，以确保在有限的10分钟内，有效提升学生的基础认知能力。此外，还可利用教研时间探讨并实施基础认知能力提升的校本化实践策略，如五个模块与低年级学科教学的有机结合，以及学生在参与基础认知教育活动课程中思维发展的动态观察等，从而进一步优化教育教学效果。

第二节 给教师的建议

在进行基础认知教育活动课程的教学时，教师必须首先对小学一、二年级学生的认知能力的发展规律有深刻的把握和理解。应清楚地认识到，包括注意力、工作记忆、信息加工速度、数学认知在内的五大核心能力，是学生认知发展和学业进步的关键要素。掌握这些能力的发展状况，对于教师来说至关重要，它能帮助教师在设计教学活动时，更加明确地界定教学目标，选择恰当的教学内容，以及采用有效的教学方法。

为了有效缓解教师在备课过程中所面临的压力，这一课程资源包含了全方位的指导资料，包括《教师用书》《学生手册》。《教师用书》详细介绍了课程的理论基础、教学活动的实施流程以及与认知能力相关的核心知识点，同时提供了教师在教学过程中的指导语言示例和学生参与活动的评分标准。《学生手册》则为学生提供了在课堂上需要完成的具体任务和要求。

通过这些详细的指导材料，教师能够更好地规划和组织课堂活动，确保教学目标的实现。同时，教师也能够根据学生的实际情况，灵活运用这些资源，使教学过程更加生动有趣，从而有效提升学生的学习兴趣和参与度，促进学生基础认知能力的全面发展。这样的教学策略不仅有助于学生掌握必要的基础知识，也为他们未来的学习生涯奠定了坚实的基础。

在具体实施中，教师需遵循以下原则。

一、教师的角色转变

在基础认知教育活动课程的实施过程中，教师应从传统的知识传授者转变为学习引导者，根据学生的认知特点和发展规律，有目的、有计划地组织教学活动，引导学生体验学习过程，重视策略的生成和应用。

教师与学生之间积极、有效的互动对于提升和促进小学低年级学生认知能力的发展起着至关重要的作用。教师可根据学生的认知特点和认知发展规律，有目的、有计划地组织学生开展基础认知教育活动课程。在课程实施中，教师要有意识地支持、引导和帮助学生体验游戏过程,并重视在游戏中引导学生生成认知能力的相应策略。

每个游戏结束后,教师可以留给学生一定的时间,带领学生一起回顾在其完成任务时所采取的策略。教师也可以先向学生示范反思的过程,然后逐渐引导学生结合课程内容,共同反思在课程实施中表现出的不足,学会了哪些策略等。

二、为学生提供适宜的教学层级内容

教师应根据学生的认知发展水平,提供适宜的教学层级内容,确保每个学生都能在适合自己的层面上得到发展,同时对学习有困难的学生提供额外的支持和帮助。

因此,在基础认知教育活动课程实施前和实施中,教师应掌握学生的认知能力发展情况,并及时了解学生在课程中的反应情况,为哪一层级更适合促进学生认知能力的发展提供建议,进而为不同水平的学生提供针对性的教育支持。同时,对于课程实施中出现学习速度较慢或比较"吃力"的学生要给予支持和帮助,可以通过降低课程难度、延长课程时间、辅以个别支持等多种方式保证学生可以受到适合他们的教学。

三、强调趣味性与互动性

维果斯基认为,游戏给儿童提供了探索的机会,儿童在游戏的过程中可以更为有效地学习相应概念和策略。本套课程资源以游戏化学习为主,强调学习过程的趣味性和互动性,创造轻松愉快的学习氛围,同时鼓励学生之间的互动,以及学生与教师、课程资源的互动。

虽然并不是所有的课程项目都可以通过游戏的形式呈现,其他形式的课程内容也应尽可能调动学生的学习热情,营造出轻松、愉快的活动氛围。同时,由于小学低年级学生的注意力维持时间较短,他们容易受到外部无关刺激的干扰,教师在开展课程的过程中可以充分发挥主观能动性,不拘泥于提供的实施流程。而互动性是指教师与学生、学生与学生以及课程资源与教师和学生之间的互动;可由学生承担"小老师"的角色,由小老师与同学共同完成游戏任务;也可以以贴纸等多种形式增强互动性。

四、重视对认知策略的引导

基础认知教育活动课程中的每一个活动具有课时短、形式灵活的特点。因此，教师应关注活动过程的趣味性、学生的参与度，带领学生体验如何在任务中使用有效策略，对于学生完成任务的结果是否正确可不予以特别强调。即与任务结果正确相比，教师需更加关注完成任务中策略使用是否正确。当学生完成任务出现错误时，教师呈现并示范正确策略的使用即可。

五、与常规学科教学相结合

基础认知教育活动课程资源区别于常规教学内容，教师在上课前，需要通过备课熟悉每个课程活动的流程、规则与指导语。每个活动结束后，需要就活动中学生的表现情况进行简单的反思与记录，以便在下次开展此模块活动中进行优化和调整。同时，在开展基础认知教育活动课程的同时，教师要将相应的策略应用和迁移至合适的学科、教学环节和作业任务的完成中，注重与常规学科教学的结合、渗透，加强五个能力在不同任务情境中的应用，进而逐渐内化为学生可使用的策略。

通过这些原则的实施，教师可以更有效地促进学生认知能力的发展，同时提升教学的趣味性和互动性，为学生的全面发展奠定坚实基础。

第三节 给家长的建议

本套课程设计之初就充分考虑了灵活性，不仅在学校教育环境中能够发挥重要作用，更能在家庭场景中得到有效利用。特别是在小学一、二年级，这是孩子们学习生涯的起步阶段，也是形成基本思维习惯的关键时期。在这个阶段，孩子们通过培养良好的思维习惯，能够在后续的学习过程中获得持续的动力和发展。

在这个过程中，家长扮演着至关重要的角色。作为孩子学习过程中的重要引导者，家长可以在日常活动和亲子互动中有意识地融入基础认知教育活动课程的元素。

例如，家长可以和孩子一起进行反应速度比赛，通过游戏的方式锻炼孩子的反应能力和思维速度。此外，家长还可以和孩子一起玩记忆游戏，通过游戏的方式锻炼孩子的记忆力和学习能力。

总的来说，本套基础认知教育活动课程为家长提供了一种全新的教育方式，使家长能够在家庭场景中更好地引导孩子的学习。通过家长的积极参与和引导，孩子能够在学习过程中获得更多的乐趣和成就感，为未来的学习生涯打下坚实的基础。

一、先"备课"

父母们同样需要像教师那样，提前做好"备课"工作。

（一）掌握相关知识

通过深入阅读相关理论，深刻理解认知能力对于低年级学生成长发展的关键性作用，以及这五个认知能力各自的详细含义和特点。家长需要明确对孩子认知能力的培养不仅能够提高孩子的学习效率，而且对其一生的发展都有着深远的影响。

（二）深入理解孩子的发展状况

作为家长，我们需要全面了解孩子当前的成长状况，这不仅包括他们的学业成绩和认知能力，还包括他们的情绪波动和心理状态。我们需要知道孩子在学习过程中遇到的困难和挑战，这样才能更好地为他们选择合适的学习时间和学习内容。同样，对于那些在学习上存在困难的学生，我们也需要深入了解他们的具体情况，以便为他们提供更加贴心的帮助和支持。无论是家长还是教师，我们都应该关注学生的全面发展，努力营造一个良好的学习环境，让他们在学习的过程中感受到快乐和成就感。

（三）清楚课程实施流程

家长通过阅读指导手册和学生手册，了解每个游戏活动的流程、要求和时间限制。在家庭中实施基础认知教育活动课程时，为了达到最佳的教育效果，建议家长在安排这样的亲子活动时，选择一个家庭氛围较为轻松愉快的时段，例如在晚饭后或者周末。在选择游戏内容时，应该避免单一模式的重复，挑选手册中不同类别的课程活动，这样既能保证孩子接触多样化的知识，又能让学习过程充满新鲜感和乐趣。通过每天 1～2 个活动，大约半小时的时间投入，家长和孩子便可以共同享受这段高质量的亲子时光。

二、以亲子游戏的方式开展学习

在家庭生活中，家长可以经常与孩子通过游戏互动的形式，实施个性化的认知能力培养。这种方法不仅有利于增进家庭成员之间的情感交流，还能够激发孩子在学习过程中的兴趣和积极性。

课程的实施可以采用与爸爸妈妈一起比赛、家庭间的竞赛、成为思维小达人、每日打卡等多种形式来进行，以此营造一个轻松而愉悦的学习氛围，并鼓励孩子每天都要积极参与其中。这样不仅能够增强孩子的学习兴趣，还能让家长更加关注孩子的学习进度，从而更好地引导和帮助孩子成长。通过这些有趣的活动，孩子可以在愉快的氛围中自然而然地培养出良好的学习习惯，提升自己的学习能力。同时，每日打卡的形式也能让孩子逐渐养成自律的习惯，让他们明白坚持的重要性。总的来说，我们要通过这些丰富多彩的活动，让孩子们在快乐中学习，在学习中成长，从而达到更好的学习效果。

（一）注意力

注意力模块是通过短时的游戏活动训练学生的注意品质，分为听觉注意和视觉注意的训练。每个活动中有基本的时间设定，家长可以根据孩子的表现情况，灵活调整。

家长的引导语可以是："今天和爸爸、妈妈一起比赛吧？""看看我们谁用的时间短？""看谁找得最多？"

（二）工作记忆

工作记忆是通过短时游戏活动训练学生的暂时性知识加工与储备能力，增加学生的短时记忆容量。在游戏开始前，家长可通过示范、多次朗读规则等途径确保孩子熟悉规则和要求，之后再开始训练。

对于学习困难或学习速度较慢的孩子，家长可根据孩子的加工速度，适当延长刺激呈现的时间，让孩子先体验到成功，再逐渐增加难度或回归到课程设定的时间。

（三）加工速度

加工速度是为了让学生获得快速加工复杂学习任务的能力。其中划消任务由图片、数字、字母和汉字四个部分组成，难度层层递进，家长可以根据孩子在活动中的表现情况，选择适合孩子当前水平的任务。在数字和汉字这两个部分的游戏中，若对于孩子来说挑战较大，可先让孩子完成图片类型的划消任务。在练习过程中，家长一定要注重对孩子的正向鼓励、及时反馈。

（四）数学认知

数学认知的活动多涉及学生认知思维方式的灵活性，完成游戏后，家长可以问一下孩子："你是怎么想的？""你可以给我讲一讲吗？"

若学生在完成图形拼接、数字推理和言语空间关系等任务中遇到困难，可以通过家长示范、学具辅助等多种方式降低游戏难度，为孩子完成任务提供支架。

（五）计划能力

计划能力的课程注重培养学生生成解决问题的策略，其课程活动的设计中蕴含了分类、匹配、译码等策略的使用，在完成课程资源中的游戏后，家长也可以将这些策略与孩子的日常生活相嵌合，如让孩子自主安排每日生活，以合理顺序做事情，利用与安排时间等。

三、重视孩子的思维过程

家长应重视孩子的思维过程，引导孩子分享他们的思考方式和解题策略，而不是过分关注结果的正确性。通过提问，如"你是怎么思考的？"等，鼓励孩子关注解决问题的方法。注重过程中思维方法的引导，尽量引导孩子口述完成任务的"秘籍"和"诀窍"，对于游戏的结果是否正确无须过多强调。因此，在实施课程的过程中，家长可以多向孩子提问："你是怎么思考的？""你为什么会这么想？""你有更好的办法吗？"引导孩子关注解决问题的思维策略和方法，这也是培养孩子思维能力的关键。

若在游戏中，孩子没有顺利完成，家长可以通过"你还有更好的办法吗？""咱们可以一起再试一试？""爸爸、妈妈有一个更好的办法，咱们一起试一下吧！"等多种对话的形式，让孩子更加关注过程和使用的策略，而不是在乎游戏的对错。

四、支持和理解学习困难孩子

（一）全面而长远的规划

面对学习困难孩子，家长要正视学习困难，理解、接受孩子在学习中出现的困难和问题，在理解中家长才能够全面、长远地看待孩子，找到孩子的闪光点。在实施基础认知教育活动课程中，也是如此。家长一定要循序渐进、因势利导，根据基础认知教育活动课程内容为孩子制订长期、有效、适宜其水平的课程实施计划。

（二）不要在乎快慢

学习困难学生的能力本就低于同龄学生的平均水平，而且不同类型的学习困难还伴随不同的认知障碍表现。在家庭环境中，无论是学科学习还是基础认知教育活动课程的实施，家长一定要循序渐进，不要试图将孩子和其他孩子比较，而是和孩子自己比较，重视阶段性的进步。同时还要确定孩子的基线水平，制订适合他/她的计划。在基础认知教育活动课程的实施中，也可以先不设定计划，让孩子感受到乐趣即可。

（三）在交流中给予具体的方法指导

在开展基础认知教育活动课程的过程中，学习困难孩子可能会出现速度慢、错误率高、不理解指令等表现。在这一过程中，家长一定要与孩子通过正向的语言交流、亲自示范、共同尝试等多种方式，为孩子演示过程，共同发现、总结相应的认知策略。积极正向的交流也为孩子营造了支持性的氛围，让孩子在与家长共同的探索中习得方法。

（四）给孩子提供积极的情绪价值

脑科学的研究表明：情绪是生活和学习中必不可少的部分，恐惧和压力会引发负性情绪，而负性情绪可直接影响学习和记忆。对于学习困难学生来说，家长以积极正向的情绪对待孩子在学习过程中出现的困难，不仅能够为孩子提供正确的情绪示范，更能够营造良好的家庭生态氛围，这对学习困难学生的健康成长是非常关键和必要的。

结　　语

在陕西师范大学实验小学工作的十余载，我致力于协助学习困难学生，陪伴并见证了各类学生的成长，对家长在孩子取得进步时的欣慰之情感同身受。我深感荣幸能在充满爱心的团队中工作，并参与到学校十年间教育生态的持续完善与优化中。

在赵微教授团队持续且深入的学术研究与实践探索中，得益于陕西师范大学实验小学罗坤校长所秉持的"一个都不能少"的先进办学理念，以及全体教师齐心协力、共同奋进的努力，我们亲眼看见了学习困难学生在成长道路上的巨大潜力与无限可能。他们中，有在学校各类展演中展现个人才艺的佼佼者，也有在运动赛场上屡创佳绩、勇夺桂冠的运动员，更有在计算机编程竞赛中脱颖而出、屡获佳绩的编程高手，以及通过朗读作品在学校公众号上展现才华的学生。这些具体而鲜活的实例，充分展现了学习困难学生在成长过程中的多元性和丰富性，同时也再次强调了促进学习困难学生的全面成长与发展是教育事业所肩负的重要使命和崇高责任。

基础认知教育活动课程的研发、实验与效果验证历时两年。我们从对学习困难学生的一对一辅导，逐步拓展至二级小组及面向全体学生的教育实践。在这一过程中，我们汇聚了特殊教育教师、普通教育学校教师及家长的智慧与力量，让更多学生受益，家长、教师与学校共同认识到在小学起始阶段认知能力发展的重要性。因此，在课程设计过程中，我们依据认知理论，结合小学一、二年级学生的认知发展特点与学习困难学生常见的认知障碍，打造出课时灵活、操作便捷、趣味盎然的认知能力提升课程。

普通教育学校作为学生学习与成长的重要场所，肩负着为每个学生提供公平、适宜教育的责任与义务。我们期待通过团队的不懈努力，不仅为学习困难学生的改善提供实践指导，更为普通教育学校开展差异化教学提供可复制、可借鉴的模式。

刘朦朦
2024 年 10 月